AF325904

LA MALTÉIDE

OU

LE SIÉGE DE MALTE.

TOME II.

Comme un cèdre agité sur le front du Liban,
Dans ces rudes assauts se montrait Soliman.

Mahomet &c.^a

LA MALTÉIDE

OU

LE SIÉGE DE MALTE

PAR SOLIMAN II, EMPEREUR DES TURCS:

POËME EN SEIZE CHANTS,

AVEC DES NOTES,

PAR N. HALMA JEUNE.

SECONDE ÉDITION.

TOME DEUXIÈME.

PARIS.

J.-M. EBERHART, IMPRIMEUR DU COLLÉGE ROYAL DE FRANCE,
RUE DU FOIN SAINT-JACQUES, N° 12.

1817.

LA MALTÉIDE.

CHANT SEPTIÈME.

SOMMAIRE.

LA MALTÉIDE

ou

LE SIÉGE DE MALTE.

CHANT SEPTIÈME.

Elvire n'était plus : son triste sacrifice
Du cruel Mahomet assurait l'artifice ;
Et Soliman, forcé de venger son trépas,
Aux crimes de l'enfer allait prêter son bras.
  L'ombre disparaissait, et la nature entière
Avec ravissement revoyait la lumière.
Le sultan, l'œil frappé des premiers traits du jour,
Près d'Elvire est conduit par son fatal amour.
Là, déplorant sa perte, il prévenait l'aurore ;
Là, devançant la nuit, il la pleurait encore.
Mais il cède au devoir ; son cœur s'est résigné,
Et du plus prompt départ le signal est donné.
Sur la rive aussitôt tout se meut, tout s'empresse
De fuir ces monts hideux, siége de la tristesse.

C'est pour servir le prince et flatter son tourment,
Que la plus vive ardeur éclate en ce moment.
La voile est déployée; on s'affranchit des câbles,
Et la flotte a le ciel et les vents favorables:
Au bruit que fait entendre et prolonge l'airain,
Part et vogue à son gré l'illustre souverain.
Tout annonçait encor sa douleur pour Elvire.
Un lugubre appareil distinguait son navire:
A ses mâts qui fendaient les airs avec orgueil,
Flottaient superbement les marques de son deuil.
Trois fois, de ses vaisseaux les bronzes retentirent,
Et trois fois à leurs sons les échos répondirent:
Ils attestaient l'honneur et l'hommage éclatant
Qu'au monument d'Elvire on rendait en partant.
C'était pour ce tombeau laissé sur le rivage,
Des regrets du Sultan le dernier témoignage.

Il naviguait, l'esprit de vengeance occupé,
Lorsqu'un léger brouillard tout-à-coup dissipé
Laissa voir un vaisseau, dont la course rapide
Servait l'empressement d'une troupe intrépide:
Il menait aux combats de valeureux Chrétiens.
Ces Chevaliers partis des bords Siciliens,
Allaient, poussés d'audace, et dans la fleur de l'âge,
Sous un chef plein d'honneur attester leur courage.

Des défenseurs de Malte ils couraient à la fois
Partager et la gloire et les sanglans exploits.
Leur pavillon qui flotte au Sultan les décèle.
Mais, pareil à l'oiseau fuyant à tire d'aile
La serre du vautour qui le poursuit en vain,
Leur navire est déjà dans l'espace lointain;
Il allait échapper, sans une main puissante
Qui seule captiva sa voile impatiente.
Mahomet, par l'enfer servi dans ses desseins,
L'avait fait échouer sur des sables voisins;
Tandis que du Sultan redoublant la vitesse,
Il livrait l'équipage au fer de sa Hautesse.
    Contre lui Soliman dirige ses vaisseaux;
Il l'atteint, l'investit, l'assiége sur les eaux.
Pour le réduire, en vain sa flotte foudroyante
Croit porter dans les cœurs la crainte et l'épouvante.
Le navire assailli, que rien ne peut mouvoir,
Oppose à l'infortune un puissant désespoir.
O courage inoui! deux fois sa résistance
Du sort en sa faveur fait pencher la balance;
Et deux fois Soliman, trompé dans ses efforts,
Laisse de son courroux échapper les transports.
Les Chrétiens toutefois, constans à se défendre,
Au grand nombre, au destin sont forcés de se rendre;

Ils sont pris et conduits au monarque irrité,

Qu'étonne tant de zèle et d'intrépidité.

Furieux il leur dit : « Chevaliers téméraires,

» Qui couriez partager le crime de vos frères,

» Quelle était votre audace ? et quel aveuglement

» Osa vous inspirer un tel acharnement ?

» Me braver jusqu'ici par tant de résistance !

» Est-ce assez de vos cœurs témoigner l'imprudence ?

» Et quel espoir si vain vous armait contre moi,

» Quand mon nom sur ces mers a tout rempli d'effroi ?

» Insensés ! veniez-vous, lorsque Malte succombe,

» Provoquer ma vengeance et creuser votre tombe ?

» Parlez, je vous l'ordonne ; et par d'heureux détours,

» Chrétiens, n'espérez point de prolonger vos jours. »

  Le chef des Chevaliers, outré d'un tel langage,

Librement y répond, fier de son esclavage :

« A ces jeunes guerriers qu'en tout guide l'honneur,

» Quel reproche, dit-il, peut-on faire, seigneur ?

» Objet, ainsi que moi, de vos haines cruelles,

» Conduits par le devoir, à leur serment fidelles,

» Chevaliers et soldats, il est vrai, brûlaient tous

» D'aller sur nos remparts s'illustrer contre vous.

» Aux yeux d'un ennemi, sans doute, c'est un crime ;

» Mais si dans un courroux, injuste ou légitime,

» Jusqu'à vous la raison fait entendre sa voix,

» Admirez leur courage et respectez leurs lois.

» Ce sont elles, seigneur, qui dirigent leurs armes;

» Dès qu'elles ont parlé, tous bravent les alarmes.

» Prince, je l'avoûrai, dût ma sincérité

» Avancer mon trépas, quoique peu mérité,

» Si le ciel eût servi leur généreuse envie,

» Ils allaient ou mourir ou sauver leur patrie.

» Rien, sans l'injuste sort, n'eût pu les retenir;

» Et de leur liberté, s'ils pouvaient l'obtenir,

» Tel est l'unique emploi qu'ils voudraient encor faire. »

Un murmure, à ces mots, le force de se taire.

Tout le conseil ému par le ressentiment,

Demande qu'il subisse un soudain châtiment;

Que d'une téméraire et superbe insolence

La mort soit, sans pitié, la digne récompense.

    Tel était son arrêt. Mais à tant de rigueur

Le sultan plus humain s'oppose avec grandeur.

« Comme vous, mes amis, sa liberté m'étonne,

» Répond-il, mais l'honneur veut que je lui pardonne.

» Qu'il vive! nul de nous, sans avilissement,

» Ne saurait condamner un pareil dévoûment.

» C'est au sein des combats, que mon ame terrible

» Doit s'armer d'un courroux justement inflexible;

» Mais que j'attente aux jours d'un ennemi vaincu!

» Qu'à le frapper alors j'abaisse ma vertu!

» Trop de honte suivrait une action si lâche :

» A mon ressentiment donnons quelque relâche ;

» Et, sans perdre le tems à l'assouvir ici ;

» Sans me déshonorer en me vengeant ainsi,

» Courons, volons aux lieux, où, fumant de carnage,

» Mon bras ira punir le plus sanglant outrage. »

Il dit, et partageant ce noble sentiment,

La flotte fend le sein de l'humide élément.

　　Mais quel bruit, quel fracas dans Malte me rappelle?

Que d'audace y renaît! que de sang y ruisselle!

Le démon des combats redoublant de fureur,

Y répand l'épouvante, y sème la terreur :

Il s'y nourrit de meurtre, et, toujours plus avide,

S'y fait du sang qu'il verse un plaisir homicide.

Muse! hausse mes sons; inspire-moi des chants

Dignes de célébrer tant d'assauts éclatans ;

A la voix d'un mortel prête un accent sublime ;

Échauffe mon esprit du beau feu qui t'anime ;

Et que ta main sur-tout, dirigeant mes pinceaux,

Donne un ton vigoureux à leurs mâles tableaux.

　　En vain des assiégés les troupes réunies

Avaient tenté vingt fois de nouvelles sorties.

L'imposant ravelin qu'elles avaient perdu,
Était par l'ennemi constamment défendu :
Déjà même élevant de terribles machines,
A force de travaux, d'instrumens de ruines,
Il avait des remparts excédé la hauteur
Et du fort assiégé battu l'intérieur.
De ses foudres d'airain les bouches meurtrières
Recevant, exhalant d'infernales matières,
Jusqu'au sein de leurs murs écrasaient les Chrétiens,
Et ravissaient au fort ses plus fermes soutiens.
Avec quel zèle alors, triomphant de son âge,
Mustapha court des siens gourmander le courage !
Nul relâche pour eux. De sa bouillante ardeur,
Il échauffe, ranime, enflamme leur valeur :
Il veut, pour assurer, pour hâter sa conquête,
Franchir dans sa largeur le fossé qui l'arrête.
Et prêt à le servir, un intrépide effort
Va lui faire un chemin jusqu'au sommet du fort.
Aussitôt mille bras y transportent des chênes,
De pesans madriers et de longues antennes,
Dont le prompt assemblage y fait un large pont,
Où l'Ottoman déploie un redoutable front.
   La foule au même instant, avide de carnage,
Y court jusqu'aux remparts se frayer un passage :

Elle y fond plus rapide et sans ordre de rang,

Que les flots mutinés d'un superbe torrent,

Qui, grossi par la pluie et dégageant sa source,

Rompt tout ce qui s'oppose au progrès de sa course.

Rien ne peut résister à l'effort de ses eaux :

Du riche laboureur il détruit les travaux.

Le berger qu'il surprend avec peine l'évite,

Et croit trouver la mort dans le champ qu'il habite.

   A la faveur du pont, l'ennemi furieux

Sur le mur se répand à flots tumultueux.

Tout céde en cette attaque à sa rage guerrière ;

Tandis que de l'airain la grêle meurtrière,

Sans relâche pleuvant du fatal ravelin,

Dans l'enceinte du fort porte un trépas certain.

Cependant les Chrétiens qu'un tel danger menace,

N'y cessent d'opposer une invincible audace :

Assaillis, mais d'un front que rien ne fait pâlir,

Sous leurs murs foudroyés tous vont s'ensevelir :

Ils affrontent la mort, ils bravent le carnage.

Leur espoir, leur salut n'est plus qu'en leur courage ;

Ils n'écoutent que lui. Chefs, officiers, soldats,

Tous vers les assiégeans précipitent leurs pas.

Quelle image autour d'eux des horreurs de la guerre !

Des cadavres sanglans jonchent ici la terre ;

Là gissent de leurs corps des membres séparés.

Plus loin sont des guerriers, hâves, défigurés,

Brûlés par le soleil, tout couverts de poussière,

Et que soutient encore une vertu guerrière.

Qui le croirait? Plusieurs, à leur dernier soupir,

Font à l'envi paraître un généreux desir.

La mort seule interrompt, finit leur résistance :

Tous livrent au trépas un reste d'existence.

Abel de la Gardampe, atteint d'un coup mortel,

Tombe, et se traîne encor jusqu'au pied d'un autel.

En vain on le supplie, en vain on le conjure

De ne point refuser qu'on ferme sa blessure :

« Nobles guerriers, dit-il, et vous, braves servans ! (a)

» Cessez de me compter au nombre des vivans.

» Portez, portez vos soins à tous ceux de nos frères

» Qui seuls pourront survivre à nos destins contraires. »

A ces mots il leur fait un éternel adieu :

Il invoque le ciel, se recommande à Dieu ;

Puis il expire, heureux de perdre ainsi la vie

Pour la foi, ses amis, l'honneur et la patrie.

Cependant répandus sur les débris fumans,

Se grossissent encor les flots des Musulmans.

(a) Les frères servans de l'Ordre.

Ils voudraient dans le sang, dont s'abreuve leur rage,
Du dernier des Chrétiens éteindre le courage.
Ce fort, de l'Ordre entier devenu le tombeau,
N'offre plus dans ses murs qu'un effrayant tableau.
Le sort des assiégés, leur fin triste et cruelle
Afflige de leur chef l'amitié paternelle.
Mille fois il se plaint qu'avec tant de pouvoir
A ses desirs s'oppose un rigoureux devoir,
Et que, loin des périls, une vaine prudence
Ait jusqu'en ces momens captivé sa vaillance.

On accourt, on s'assemble au sein de son palais.
La plus sombre douleur se peint dans tous les traits.
Partout avec le deuil règne un morne silence;
En des cœurs interdits, fermés à l'espérance,
Qu'il se montre expressif, et qu'il est alarmant!
La Valette le rompt, dit, d'un ton véhément:
« Guerriers! voici le jour, où chacun de sa vie
» Doit payer le tribut qu'impose la patrie.
» Dans leurs constans efforts trahis par le malheur,
» Nos freres combattans, mourans au champ d'honneur,
» Veulent que nous allions, poussés d'un saint courage,
» Des périls avec eux faire un noble partage:
» Avant que nos remparts ne perdent leurs secours,
» D'un torrent ennemi j'arrêterai le cours!

» Ici, loin des assauts, que rien ne nous retienne !

» Que Malte, le devoir, nos vœux, la foi chrétienne,

» Dans le fort assiégé prompts à guider nos pas,

» Ne nous inspirent plus que l'amour du trépas !

» Chevaliers ! suivez-moi ; volons à la victoire ;

» Courons y mériter une éternelle gloire,

» De tant d'assauts sanglans accélérer la fin,

» Mourir ou triompher des rigueurs du destin. »

Disant ces mots, il prend ses redoutables armes.

Déjà, d'un pas rapide, il volait aux alarmes.

Mais par les Chevaliers dans sa course arrêté,

C'est en vain qu'il recoure à son autorité.

Une foule à ses pieds, d'une voix suppliante,

Oppose à ses desseins une prière ardente :

On s'assemble, on se presse autour de ce guerrier ;

On prie, on le conjure, au nom de l'Ordre entier,

D'epargner une vie à l'Europe si chère :

« C'est à nous de fléchir sous un destin contraire,

» Lui dit-on, mais qu'un chef, notre unique soutien,

» Et l'exemple et l'honneur de l'Empire Chrétien,

» Des plus affreux hasards affrontant la tempête,

» Aux caprices du sort aille livrer sa tête !

» C'est en lui nous ravir jusqu'au dernier espoir !

» En vain l'honneur veut-il commander au devoir.

» Le besoin, nos dangers, tout, seigneur, vous supplie
» D'user mieux du pouvoir que le ciel vous confie.
» Eh! qui pour nous aurait tant de soins paternels!
» Avec vous emportant nos regrets éternels,
» A quelle extrémité voulez-vous nous réduire?
» Quelle ardeur si funeste a donc pu vous séduire?
» Avant de prodiguer vos précieux secours,
» Souffrez que les destins disposent de nos jours.
» Le Dieu qui nous défend, qui pour nous vous conserve
» A de plus grands travaux vous-même vous réserve :
» Un jour fatal approche, où d'insignes combats
» Pour délivrer ces lieux, armeront votre bras.
» Mais qu'aujourd'hui, seigneur, quand il vous reste encor
» Des amis, des guerriers que leur courage honore,
» Sans besoin, vous couriez à des périls certains!
» Nous, l'État, tout s'oppose à de pareils desseins.
» Vivez : que Malte en vous espère et se rassure!
» La raison, le devoir, l'honneur vous en conjure. »
    Par mille et mille cris ces mots interrompus,
De la Valette alors sont à peine entendus.
Cependant vers ces lieux un Chevalier s'avance.
Du puissant chef de l'Ordre il cherche la présence.
On l'accompagne au bruit des applaudissemens,
Présage inattendu d'heureux événemens.

Il entre : à son aspect renaît la confiance ;

Et ce guerrier, le front rayonnant d'espérance,

Vient devant les Chrétiens, d'étonnement saisis,

Faire au nom de ses chefs d'incroyables récits.

Chacun des Chevaliers, avant que de l'entendre,

Interprète à son gré ce qu'il brûle d'apprendre.

De leurs derniers malheurs ils semblent moins touchés.

Mais sur lui tous les yeux demeurent attachés :

Et, pressé de céder à tant d'impatience,

L'illustre Chevalier en ces termes commence :

    « Déjà les assiégeans, a force de travaux,

» Par des coups plus pressés, par des efforts nouveaux,

» Dans l'excès d'une ardeur et d'une audace égale,

» Avaient fait aux remparts une brèche fatale.

» Ils s'y précipitaient, quand nos chefs, nos soldats

» S'empressent d'accourir, de repousser leurs pas.

» Serrés et déployant un front plus redoutable,

» Ils présentent partout un mur impénétrable.

» Ni le fer, ni le feu ne les peut enfoncer ;

» On les voit à la fois atteindre, renverser

» Tous ceux des Musulmans dont la rage obstinée

» Ou précède ou dirige une foule acharnée.

» Le meurtre qui s'accroît devient continuel.

» Dans son farouche espoir, dans son dépit cruel,

» Sans cesse l'assiégeant devant nous se présente,

» Donne ou reçoit la mort sans que rien l'épouvante.

» Furieux et toujours sur la brèche arrêté,

» Il joint le désespoir à la témérité;

» Et telle que l'on voit la vague mugissante

» Fondre sur un navire, au sein de la tourmente,

» Tels j'ai vu des bachas les bataillons poudreux

» S'élancer vers nos murs avec des cris affreux.

» Leurs intrépides chefs s'avançaient à leur tête.

» Prompts à tout hasarder pour saisir leur conquête,

» Ils allaient pénétrer au sein de nos remparts,

» Où déjà dans les airs flottaient leurs étendards.

» Dragut est le premier dont l'étonnant courage

» A travers mille feux peut se faire un passage.

» Mustapha, son rival; Hascen et Piali

» Sur la brèche après lui gravissent à l'envi.

» Mais un nouveau combat au même instant s'engage.

» Dragut, ses compagnons, fiers de leur avantage,

» Excités par l'espoir d'un triomphe certain,

» Prétendent plus avant se frayer un chemin.

» Dans leur impatience, ils devancent l'armée.

» C'était à la faveur d'une épaisse fumée,

» Que, bravant des Chrétiens les bronzes meurtriers,

» Ils voulaient dans leur choc renverser nos guerriers;

» Mais outrés, n'écoutant que l'honneur qui les guide,

» Les Chevaliers sur eux fondent d'un pas rapide.

» De l'altière cohorte ils domptent la fureur,

» Et dispersant ses rangs, la glacent de terreur.

» Dragut demeure alors sans soldats et sans suite.

» La peur à tous fait prendre une honteuse fuite :

» Il n'en est point troublé. Dans un péril si grand,

» Il voit l'affreuse mort d'un œil indifférent.

» Il combattait toujours ; et, jusqu'en sa défaite,

» Il semblait dédaigner de faire sa retraite.

» Enfin, au moment même où, du sein du trépas

» Il sort, court tout sanglant rallier ses soldats,

» L'impétueux Médran sur lui se précipite,

» Et lui décharge un coup que ce héros évite :

» Accepte le combat, lui dit ce Chevalier,

» Et des bachas toi-même expire le premier.

» Le fier Dragut repart d'un coup de cimeterre,

» Dont le fer esquivé s'en va frapper la terre ;

» Il redouble, et Médran, toujours plus excité,

» Oppose et son courage et son agilité.

» Cent coups portés, parés avec la même adresse,

» Annoncent de tous deux la force et la souplesse.

» Tantôt, ces combattans se mesurent des yeux ;

» Tantôt, d'un geste altier, menaçant, furieux,

» Ils font pleuvoir le fer sur leur brillante armure,

» Dont l'acier retentit avec un long murmure.

» Dragut inébranlable, est tel qu'un sanglier

» Qui résiste à l'effort d'un courageux limier.

» Sans cesse harcelé, cet animal terrible

» Présente à son attaque un front inaccessible.

  » De même le bacha, d'un bras ferme et nerveux,

» Soutient seul un assaut et long et périlleux.

» L'adresse toutefois sur la force l'emporte :

» Et prévenant les coups qu'en vain Dragut lui porte,

» Médran l'épie, attend, et saisit le moment

» Où ce fier ennemi, dans un faux mouvement,

» Lui découvre, au défaut de sa large cuirasse,

» Un passage vingt fois tenté par son audace.

» Son glaive au même instant étincelait dans l'air.

» Du bacha qu'il menace il engage le fer,

» Le détourne, et d'un coup, violent et rapide,

» Fait tomber à ses pieds ce rival intrépide.

» L'acier qui l'a frappé lui traverse le flanc ;

» Et son ame s'exhale avec des flots de sang.

  » De son corps, le vainqueur retire son épée :

» Et la levant au ciel, de sang toute trempée,

» Dieu ! s'écriait Médran, arbitre des combats,

» Qui m'as daigné prêter la force de ton bras,

» Pour hommage reçois ce sang de ta victime ;
» Je te l'offre d'un cœur que ta foi seule anime.
» Fais que les Musulmans, dans leurs desseins trahis,
» Renoncent au succès qu'ils s'en étaient promis :
» Ou si, pour éprouver plus long-tems notre zèle,
» Ta sainte volonté dans nos murs les rappèle,
» Entends ma voix ; permets que notre dévoûment
» Triomphe par toi seul de leur acharnement.

   » A peine a-t-il au ciel adressé sa prière,
» Que vers lui du Croissant accourt l'armée entière.
» Honteuse mais trop tard de son lâche abandon,
» Elle en veut à l'instant mériter le pardon.
» Elle arrive... Elle voit, spectacle affreux pour elle !
» Un de ses chefs plongé dans la nuit éternelle.
» L'effroi, le désespoir s'empare des esprits.
» La douleur aux soldats fait pousser mille cris.
» Que d'accens de leurs cœurs expriment les alarmes !
» Pour la première fois leurs yeux versent des larmes.
» Dragut leur était cher : cœur juste et généreux,
» Il témoigna toujours de tendres soins pour eux.
» Au bruit de son trépas, tous à la fois gémirent,
» Et pleins d'un noir dépit dans leur rage frémirent.

   » Cependant sur la brèche, au malheureux Dragut
» Chacun de tout son sang veut payer son tribut.

» Quel carnage renaît de tant de funérailles !

» D'un côté, c'est l'ardeur de sauver ses murailles ;

» De l'autre, le desir de venger un guerrier

» Tombé sous le tranchant d'un homicide acier.

» Pour enlever son corps, à tout déterminée,

» La foule envain déploie une audace obstinée.

» Le héros, digne objet de deuil et de fureur,

» Demeure dans le fort au pouvoir du vainqueur. »

FIN DU CHANT SEPTIÈME.

LA MALTÉIDE.

CHANT HUITIÈME.

SOMMAIRE.

Le député de la place assiégée continue ses récits. — Allégresse des Chevaliers dans leurs forts. — Affliction des Turcs après la mort de Dragut, un de leurs plus grands capitaines, et le plus cher aux soldats. Sélima, l'une de ses femmes, forme le projet, avec ses compagnes, d'aller demander son corps aux Chrétiens. — Ce projet est exécuté. — Ce qui se passe de leur part et de celle des Chevaliers. — Le grand-maître les admet au festin pompeux qu'il donne, en réjouissance de ses succès. — Peinture de ce festin. — Un chevalier prend une harpe, et chante les hauts faits des Héros, etc.

CHANT HUITIÈME.

D'une voix par le zèle et l'espoir soutenue,
Le même Chevalier en ces mots continue :
« Mille et mille assaillans qui nous portaient la mort,
» Voulant venger Dragut, en partagent le sort.
» Plus le danger s'accroit, plus la foule s'augmente.
» Des deux côtés pour vaincre, il n'est rien qu'on ne tente ;
» Et les fiers Musulmans l'un par l'autre pressés,
» Poussent jusque vers nous leurs flots embarrassés.
» Mais à peine en nos murs s'ouvrent-ils un passage,
» Qu'au lieu de la victoire, ils trouvent le carnage.
» Coupés par un rempart qui trahit leur dessein,
» Leurs rangs, bientôt rompus, nous menacent en vain.
» Sans défense et pourtant armés du cimeterre,
» Ils sont par nos guerriers vingt fois couchés par terre :
» Victimes du trépas, sous des traits différens,
» On ne voit plus chez eux que blessés, que mourans,
» Dont les accens plaintifs, dont les voix lamantables
» Ne sauraient émouvoir des cœurs inexorables.

» Les chefs qui n'avaient pu, dans un trouble si grand,
» De cette multitude arrêter le torrent,
» Confondus dans la foule, et maîtrisés par elle,
» Frémissent de sa perte, et condamnent son zèle.
» Mais à peine avaient-ils de leurs fougueux soldats
» Réprimé l'imprudence et suspendu les pas,
» Que forcés d'éviter une entière défaite,
» Ils vont criant, pressant de faire la rétraite.
» La trompette bruyante, en éclatant soudain,
» Fait entendre dans l'air l'aigre son de l'airain.
» On obéit : chacun, dans l'effroi qui l'agite,
» Vers la brèche, à grands pas, vole, se précipite :
» En un instant l'armée a regagné le pont.
» Mais tandis qu'elle y court nous cacher son affront,
» Sur elle, dans sa fuite encor tumultueuse,
» Fond de nos Chevaliers l'élite impétueuse.
» Rien ne peut l'arrêter. De son hardi projet
» Le pont ressent alors le dévorant effet.
» Des torches, des brandons y sont lancés par elle,
» Et la flamme partout sous les pieds étincelle.
» A des bois desséchés, à des mâts résineux
» S'attachent à l'envi d'insatiables feux,
» D'où s'exhale un brouillard, tourbillon de fumée,
» Qui dérobe à la vue et l'une et l'autre armée.

» De tous côtés surpris, entourés du trépas,

» Les assiégeans d'abord revolent sur leurs pas.

» Mais, en se grossissant, leur foule s'embarrasse;

» Et nos jeunes guerriers, qu'emporte leur audace,

» Servis par le hasard, tout sanglans, tout poudreux,

» Redoublent de vigueur et s'acharnent contre eux.

» Un désordre fatal se joint à ces alarmes.

» Les cris des combattans, le heurt, le choc des armes;

» Le fer, le feu, la mort, partout se déployant,

» N'offrent plus en ces lieux qu'un spectacle effrayant.

» L'assaut qu'on se livrait tout-à-coup recommence.

» L'Ottoman rassuré rappelle sa constance,

» Et devant les Chrétiens forcé de s'arrêter,

» A leur troupe invincible il ose résister.

» Hascen, qu'en ce péril un zèle prompt engage,

» Fait sentir par ses coups l'effort de son courage:

» Il rend et la valeur et la force au soldat;

» Et tout, à son exemple, avec ardeur combat.

   » Alors, avec l'attaque, avec la résistance,

» D'un si terrible assaut s'accroît la violence.

» Mahométans, Chrétiens, à combattre obstinés,

» Sont tous également à leur perte acharnés.

» Dans les cruels transports d'une fureur nouvelle,

» Avec de cris aigus, on se presse, on se mêle.

» Partout régnent le meurtre et la confusion.
» Nul ordre dans les rangs, nulle distinction.
» Parmi les combattans, le soldat, le chef même
» Ne peut se reconnaître en ce tumulte extrême.
» Une sombre vapeur qui s'étend autour d'eux
» Les couvre tout-à-fait d'un voile ténébreux;
» Et plus d'un renversé va, du pont, dans l'abime
» Partager en tombant le sort de sa victime.
» Peignez vous ces guerriers, tous, de sang altérés;
» Voyez-les furieux, tantôt désespérés,
» Se saisir, se pousser au bord du précipice;
» Et là, sans le prévoir, trouver un prompt supplice.
» Le vaincu dans sa chute entraîne le vainqueur.
» Un bruit affreux se mêle à ces scènes d'horreur:
» On n'entend que des cris de douleur et de rage.
» Mais un torrent de feux interrompt le carnage;
» Et Chrétiens, Ottomans, d'égale ardeur épris,
» Sont par un tel obstacle au même instant surpris.
» Le sort laissait flotter la victoire incertaine:
» Il les flattait encor d'une espérance vaine,
» Quand la flamme irritée, avide d'alimens,
» A la fuite contraint Chrétiens et Musulmans.
» L'assiégé, l'assiégeant tout-à-coup se sépare,
» Chacun fuit sans combat un élément barbare.

» Des deux côtés, enfin, tous se sont retirés
» Épuisés de fatigue et de meurtre enivrés.
» Mais de combien d'entre eux une éternelle absence
» N'a-t-elle pas été la triste récompense!
» Les Musulmans, sans fruit, laissent parmi les feux
» Des blessés, des mourans, des cadavres nombreux:
» Et de nos Chevaliers l'élite valeureuse,
» En déplorant des siens la perte douloureuse,
» Sent au moins se mêler à ses justes regrets
» Le consolant espoir que donne le succès.
» Ses desirs sont remplis. Le fatal pont s'écroule,
» Et des morts dans l'abîme il engloutit la foule.
» Il tombe avec fracas dans un fossé profond,
» Où, parmi ses débris, tout alors se confond.
    » Cependant vers nos murs à pas lents on ramène
» De généreux guerriers qui respirent à peine,
» Adorne, Péyra, Laroche, Rivaros,
» Guérare, Debridiers et tant d'autres héros,
» Dont l'illustre malheur, les blessures sanglantes
» Sont de leur dévoûment les marques éclatantes.
» Arrivés dans le fort, des soins, d'heureux secours
» Sont par nous prodigués au salut de leurs jours;
» Et l'art, en leur faveur, disposant la nature,
» Sur leur pénible sort nous calme et nous rassure.

» Mais pour nos compagnons sous le fer expirés,

» De quels chagrins encor nos cœurs sont déchirés!

» Guerriers, et vous, seigneur, souffrez qu'ici ma bouche

» Exprime un sentiment qui m'anime et vous touche.

» Payons-leur nos tributs : oui, qu'il nous soit permis,

» Tout en les admirant, de pleurer nos amis.

» Broglio, Gonzalès ont terminé leur vie.

» Leur mort à d'autres chefs semblait digne d'envie :

» Et Mesquita, Guiral, Roble, Garzerantos

» Ont aussi de leur sang versé les derniers flots.

» C'était peu de sauver et nous et nos murailles ;

» Ils voulaient hasarder de nouvelles batailles,

» Et, par un noble orgueil, détruire, de leurs mains,

» L'espoir des assiégeans, trompés dans leurs desseins.

» Le ciel a couronné leur généreuse audace.

» Mais jusqu'en nos succès quelle insigne disgrâce!

» Victimes de leurs vœux si dignement remplis,

» Sous des débris fumans ils sont ensevelis.

» Quel prix de leurs exploits et quelle sépulture !

» Faut-il que la valeur éprouve cette injure? »

A ce discours, ses yeux se remplissent de pleurs.

L'assemblée en secret partage ses douleurs.

Tous les cœurs sont émus; au trépas de leurs frères

Ils donnent des soupirs et des regrets sincères.

Cependant le grand-maître à leur juste chagrin,
Dans sa discrète peine, oppose un front serein ;
Et de ses Chevaliers exaltant la victoire :
« Ils sont tous morts, dit-il, au sentier de la gloire !
» Et loin de déplorer la fin de ces guerriers,
» Amis ! vantons plutôt l'éclat de leurs lauriers :
» Ils ont pour nous rempli dignement leur carrière.
» Qui n'envîrait leur sort, à son heure dernière !
» Qui ne voudrait, comme eux, en d'illustres combats,
» Vivre par sa mort même au-delà du trépas !
» Mais jouissons du fruit d'un si grand sacrifice :
» Avec eux combattait un Dieu juste et propice.
» Tant d'assauts par son bras ont été soutenus,
» Vos efforts secondés et nos murs défendus :
» Par lui nous triomphons. Sous sa main formidable,
» Est tombé des bachas le plus infatigable,
» Dragut, dont la valeur se faisait redouter,
» Et la mâle vertu chérir et respecter.
» Que sa mort nous rassure. Amis ! avec sa vie,
» Aux tristes Musulmans l'espérance est ravie.
» D'un courage si fier l'anéantissement ;
» La honte, le dépit, l'effroi, l'accablement,
» Voilà tout le succès d'un sultan redoutable.
» Loin de nous toutefois un sentiment coupable !

» En guerriers que désarme et touche le malheur,

» Sachons, pour l'obtenir, mériter le bonheur.

» Au lieu de n'écouter qu'une rage cruelle

» Qui se fait un devoir d'une haine éternelle,

» Respectons dans sa mort un ennemi vaincu,

» Et qu'à ses Musulmans il soit par nous rendu!

» Telle est ma volonté. Que demain, dès l'aurore,

» Le camp recouvre un chef aux siens si cher encore;

» Et là, que ses amis, dans le deuil et les pleurs,

» Lui rendent à leur gré de funèbres honneurs

» Nous, pour qui son trépas est un heureux présage,

» Veillons à conserver un puissant avantage;

» Redoublons de constance, et que de prompts travaux

» Rétablissent nos murs, détruits par les assauts.

» Cependant qu'une prompte et soigneuse assistance

» De nos frères blessés assure l'existence.

» Mon cœur souffre et respire également pour tous:

» Que rendus au repos, ils reçoivent de nous

» Tous les soulagemens que leur doit ma tendresse,

» Dans la noble pitié qui pour eux m'intéresse. »

   Il dit, et commandé par un zèle divin,

Il dirige ses pas vers le temple voisin.

Soudain le peuple accourt; soudain, sur son passage,

Mille cris des vainqueurs célèbrent le courage;

Tandis que, d'un côté, les cloches dans les airs
Joignent leur voix sonore à de mâles concerts.
Dans l'enceinte du Dieu, roi des rois de la terre,
Le cortége entre au bruit d'un belliqueux tonnerre.
De ce temple sacré, que la foule remplit,
D'un chant majestueux la voûte retentit;
Chant auguste, porté par la reconnaissance
Aux pieds de l'Éternel pour sa sainte assistance.
  Ces hommages rendus à la divinité
Par le zèle d'un peuple à la joie excité;
Ce transport, ces élans d'une bouillante ivresse
Des esprits rassurés annonçaient l'allégresse.
Pendant qu'ils éclataient, les Chevaliers blessés
Par de nouveaux guerriers ont été remplacés:
Ils arrivent du fort, dans les bras de leurs frères
Qui, par des soins touchans, des secours salutaires,
De leur pénible sort corrigeant la rigueur,
Dans leurs corps épuisés rappellent la vigueur.
  Cependant, hors des murs, interdite, alarmée,
Gémit des Musulmans la malheureuse armée.
Chefs et soldats, tout pleure, en ce funeste jour,
Un héros disparu sans espoir de retour.
La nuit, en ramenant et le silence et l'ombre,
A tant d'affliction prêta son voile sombre,

Et du camp tout entier, plongé dans la douleur,
Accrut de plus en plus le deuil et la terreur.
Alors, de ses accens, une voix déchirante
Du plus cher des mortels fait retentir la tente.
La jeune Sélima la remplit de ses cris.
Quel sentiment commande à ses tristes esprits!
Dans un si grand revers, troublée, inconsolable,
Elle accuse le ciel du destin qui l'accable :
Du reproche elle passe à de plus vifs transports,
Veut revoir un amant, expirer sur son corps,
Témoigner à Dragut, idole de son ame,
Ses ennuis, ses tourmens, sa déplorable flamme.

A ses côtés, versant d'aussi sincères pleurs,
Des compagnes en deuil partagaient ses douleurs.
Dragut les chérissait : à toutes, sans faiblesse,
Son cœur fier mais sensible exprimait sa tendresse.
Tous les jours ce guerrier, au retour des combats,
Plein d'un nouveau desir revoyait leurs appas.
Héros, il les quittait; amant, par sa présence
Il les dédommageait de sa trop longue absence;
Et quand, du champ pénible, ouvert à sa valeur,
Il revenait poudreux, épuisé de chaleur,
Quel tableau succédait à celui des alarmes!
L'une courait à lui, s'emparait de ses armes,

Le soulageait du poids de son lourd bouclier
Remis par elle aux mains d'un fidèle écuyer.
Une autre décorait, d'une soie éclatante,
Le siége où ce bacha reposait dans sa tente.
Celle-ci recevait son turban de sa main.
Il s'asseyait alors : et Sélima soudain
De son front redoutable essuyait la poussière ;
Tempérait de ses yeux l'étincelle guerrière,
Et le faisait passer, quand finissait le jour,
De l'horreur des assauts aux plaisirs de l'amour.
Tel le terrible Mars, au sortir des batailles,
Rassasié de meurtre et las de funérailles,
Par sa flamme appelé dans les bras de Cypris,
Souvent y revolait de ses charmes épris.

Sélima, d'un héros amante la plus belle,
Egalait en appas cette aimable immortelle.
Son âge était celui que l'on donne aux amours,
Age heureux des plaisirs, doux printems de nos jours !
La fraîcheur de son teint l'emportait sur la rose
Pour l'amoureux Zéphire en nos jardins éclose :
Elle charmait sans art ; et ses attraits vainqueurs
Au pouvoir de ses yeux asservissaient les cœurs.

Hélas ! loin de Dragut, plus de bonheur pour elle !
Dans ce triste penser, dans sa douleur mortelle,

Elle interrompt cent fois ses plaintes, ses sanglots,
Et s'agite et se lève et s'écrie en ces mots:
« Compagnes! pourrions-nous, en de telles alarmes,
» Délaisser un amant si digne de nos larmes?
» Non, non : courons chercher, demander, obtenir
» L'objet cher et sacré de notre souvenir. »
   Elle vole aussitôt vers les chefs de l'armée;
Dit en pleurs, d'une voix par le zèle animée:
« Magnanimes guerriers! cessez d'être surpris,
» Et du plus saint amour connaissez tout le prix.
» Le devoir, l'honneur seuls ici nous ont conduites.
» Par le plus vif espoir vous nous voyez séduites:
» Nous venons, à vos pieds, exhorter, supplier,
» Vous conjurer, bachas, de ne pas oublier
» Un héros, dont la parque abrégeant la carrière,
» A plongé dans le deuil vous et l'armée entière.
» Daignez, daignez m'entendre, et permettre un dessein
» A nos cœurs inspiré par un pouvoir divin.
» Qu'un vaillant officier s'avance à notre tête;
» Et de mille hasards nous bravons la tempête!
» Un drapeau, dans nos mains signe auguste et sacré,
» Nous promet en ces lieux un retour assuré.
» La beauté, ses accens; les prières, les larmes,
» De l'infortune en nous irrésistibles armes,

» De nos fiers ennemis surmonteront les cœurs,

» Et vous rendront un chef que demandent nos pleurs.

» Enfin dans votre camp Dragut va reparaître,

» Dragut, pleuré par vous, par les Chrétiens peut-être. »

Un si hardi projet des bachas est goûté,

Et, dès le jour naissant, il est exécuté.

On charge d'un drapeau, signal inviolable,

Un courageux mortel, Musulman respectable.

Il part avec sa suite, et dirige ses pas

En des champs dévastés, asile du trépas :

Il les franchit, plongé dans un morne silence.

Cependant, sans péril, vers le fort il s'avance ;

Et devant les Chrétiens qui bordent le rempart,

Le vent a déployé son funèbre étendard.

Jamais à leurs regards, avant, depuis ce siége,

Il ne s'était offert un si charmant cortége.

A peine est-il entré, qu'il trouve les esprits

En faveur des vaincus, disposés, attendris.

Déjà même on l'exauce avant que de l'entendre.

La pitié, le devoir, tout conspire à lui rendre

De ses pressans desirs l'objet inanimé,

Pleuré des Musulmans, des Chrétiens estimé.

Mais, ô fatal aspect ! dès qu'il frappe sa vue,

Sélima, comme un trait, égarée, éperdue,

S'élance, et sur Dragut épuisant sa douleur,

Tombe sans mouvement, sans force et sans chaleur.

Aux côtés du héros ses compagnes tremblantes

Sont de même sans voix, pâles et défaillantes.

Un si touchant spectacle excite la pitié,

Chacun plaint de ces cœurs la trop vive amitié.

On s'assemble; on s'empresse, en volant à leur aide,

D'apporter à leurs maux le plus puissant remède.

   Du fort, on les conduit vers l'antique cité.

Surpris et d'un saint trouble en secret agité,

L'Ottoman respectable à chaque pas admire

Des vertus des Chrétiens le généreux empire,

Et le vif intérêt qu'inspire le malheur

A des cœurs en tout tems dirigés par l'honneur.

Il arrive, on l'accueille; et son illustre suite

Dans un vaste édifice est d'abord introduite:

Elle y voit, en entrant, des ornemens guerriers,

Les bustes, les portraits des plus grands Chevaliers.

Un somptueux festin dans ce palais s'apprête.

C'est l'ordre du grand-maître: il veut qu'un jour de fête

Se mêle aux jours de deuil que tant d'affreux combats

N'ont cessé d'amener dans ses tristes États;

Et que ses ennemis sachent qu'il met sa gloire

A ne point abuser du fruit de la victoire;

A respecter sur-tout la vertu, le malheur,
Comme des droits puissans et sacrés au vainqueur.
    Déjà de mets exquis on a chargé les tables.
De jeunes Chevaliers, des vieillards respectables,
Attentifs, pleins d'égards et d'affabilité,
Sur de riches tapis font asseoir la beauté.
D'honneurs ils comblent tous leurs aimables convives,
Dont le cœur, qui se peint dans leurs grâces naïves,
Eprouve un certain charme, un secret sentiment
Et de reconnaissance et d'attendrissement.
    Enfin arrive l'heure où le festin commence.
Partout règne le faste au sein de l'abondance.
Le grand-maître y préside, avec une candeur
Qui toujours sur son front s'allie à la grandeur.
Quelle réunion! la grâce, la jeunesse,
L'âge qui lui succède et la sage vieillesse!
Ils forment un contraste et piquant et nouveau,
Offrent à l'œil charmé le plus heureux tableau.
Là, paraît la beauté plus fraîche que la rose:
Ici, dans ce vieillard où la vertu repose,
La majesté se joint aux ravages des ans.
A côté, quel air mâle et quels traits imposans!
De la virilité c'est l'honorable image.
Près d'elle, à la fraîcheur dont brille son visage,

A ce léger duvet, épars sur son menton,
Ce guerrier du bel âge annonce la saison.

Dans tous la gaîté vive est jointe à la décence.
Nul trait, nulle équivoque où perce la licence.
On mêle à ses récits des faits intéressans,
Dont l'importance éveille et l'esprit et les sens.
De chacun cependant la coupe transparente
Se vide, et se remplit d'une liqueur brillante,
Dont le jus pétillant, dans sa vivacité,
Fait jaillir la saillie et régner la gaîté.

Au sein de ces plaisirs qu'avouait la sagesse,
Sélima goûta peu la commune allégresse.
Son esprit inquiet, distrait par le chagrin,
Se nourrit de douleur pendant tout le festin.
Ses compagnes en deuil partageaient ses alarmes.
Un indiscret ennui se peignait dans leurs charmes.
Le grand-maître, touché de leurs secrets tourmens,
Veut que l'on s'y conforme en ces heureux momens :
On cède à tant d'égard ; et bientôt le silence
Succède à la gaîté, fille de l'abondance.
Alors un Chevalier, disciple d'Amphion,
De tous les assistans fixe l'attention :
Il sait, par des accens qui s'emparent de l'ame,
Y porter tout le feu du talent qui l'enflamme :

Il prélude; et passant à des tons plus suivis,

Il touche, étonne, émeut, tient tous les cœurs ravis.

La harpe sous ses doigts rend un accord sublime.

Lui-même, de l'honneur organe magnanime,

A sa mâle harmonie il accorde sa voix ;

Et des héros il chante en ces mots les exploits:

Trésors, rangs, dignités, tout périt sur la terre.
    Ces biens et ces grandeurs,
De la fortune aveugle, inconstante et légère
    Sont de frêles faveurs.

Mais sur leurs vains débris, cette immortelle gloire,
    Ces superbes lauriers
Que le héros moissonne au champ de la victoire,
    Demeurent tout entiers.

Que le tems destructeur, dans sa course rapide,
    Dévore nos instans !
Contre l'ardent mortel que l'héroïsme guide,
    Ses coups sont impuissans.

Il prend un noble essor vers la race future;
    Et, le front radieux,

Il commande au destin, il triomphe et s'assure
    Un rang parmi les cieux.

Si, victime du sort, à ses coups il succombe;
    Tandis que pour jamais
Sa dépouille repose au séjour de la tombe,
    Il vit dans ses haut faits.

D'une aile infatigable, il vole d'âge en âge
    A l'immortalité;
Et des siècles d'oubli son nom et son courage
    Percent l'obscurité.

Quel être si fameux, s'il n'a ceint de la gloire
    Les rayons imposans,
Prétendrait, après soi, soustraire sa mémoire
    A l'attentat des ans?

Roi, guerrier, citoyen, tout est flétri sans elle;
    Et leur faste éclipsé,
Périt avec leur nom, dans la nuit éternelle
    A jamais effacé.

Dans nos champs désolés, que de cœurs magnanimes
    Affrontant les hasards,

Se sont montrés du sort généreuses victimes
    Aux yeux de nos remparts !

Leur bras s'est illustré ; leur gloire est éternelle ;
    Et leurs faits belliqueux
Triompheront des coups de la Parque cruelle,
    Chez nos derniers neveux.

Guerriers ! que l'honneur suit aux ténébreux rivages,
    Inspirez-moi des chants
Dignes de consacrer, en de pompeux hommages,
    Tant d'efforts éclatans.

Loin de nous, d'une ardeur trop long-tems meurtrière
    L'importun souvenir !
Chevaliers, nous savons, d'une ame grande et fière,
    Combattre et non hair.

Dans ses rigueurs pour nous Dragut fut implacable,
    Mais il eut des vertus ;
Et c'est brillant d'éclat, que, héros formidable,
    Il nous a combattus.

Ici que tout lui paie un tribut légitime !
    Objet de mes accens,

De tous nos Chevaliers que la justice anime,
Il recevra l'encens.

«Chrétiens, s'écrie alors Sélima transportée,
» Par quels charmes puissans m'avez-vous enchantée!
» Faut-il que je contemple, et que j'admire en vous
» Les vainqueurs d'un amant qu'ont fait tomber vos coups
» Oui, la vertu commande, adoucit notre peine,
» Et pour vous dans nos cœurs triomphe de la haine. »

FIN DU CHANT HUITIÈME.

LA MALTÉIDE.

CHANT NEUVIÈME.

SOMMAIRE.

Sélima et ses compagnes se séparent des Chevaliers ; elles emportent le corps de Dragut. — Leur arrivée dans le camp. — L'Éternel qui protège les Chrétiens, éloigne de Malte Soliman, qui s'empressait d'y aborder. — Ce prince, battu de la tempête, aborde dans une île délicieuse, où la Nature, qui l'y reçoit, lui apparaît sous une forme terrible. — Secours qu'elle accorde à ce monarque et aux soldats de sa suite. — Pendant que Soliman est retenu par un pouvoir suprême, Hascen, ardent ami de Dragut, demande à Mustapha qu'on lui rende des honneurs funèbres. — Réponse de ce dernier. — Querelle qui survient à ce sujet. — Violence à laquelle se portent ces deux bachas. — La Discorde souffle sa rage dans toute l'armée. — Entreprise de cette furie contre les Chevaliers et contre les Turcs. — Sélima, inspirée par Mahomet, sauve le camp des périls qui le menaçaient.

CHANT NEUVIÈME.

———

Sᴇ́ʟɪᴍᴀ cependant se lève, veut revoir
L'objet de son amour et de son désespoir.
Par égard toutefois pour l'auguste assemblée,
Faisant rentrer le calme en son ame troublée:
« Puissent les Dieux, dit-elle, illustres Chevaliers!
» Suspendre de vos murs les assauts meurtriers,
» Et sur nos Musulmans exercer tout l'empire
» De ces rares vertus qu'en vous l'Europe admire!
» Oui, puissent-ils enfin, après tant de malheurs,
» Sur moi seule du sort épuiser les rigueurs,
» Et dans nos chefs, vaincus par tant de bienveillance,
» Eteindre pour jamais tout desir de vengeance! »
   Exprimant de son cœur la sensibilité,
La Valette en ces mots répond avec bonté:
« Quoiqu'ici chaque instant nous rende le carnage,
» Madame, de vos vœux j'accepte le présage.
» Puisse-t-il, quelque jour, en se réalisant,
» Servir et notre gloire et celle du Croissant.

» Mais quel qu'en soit l'effet, favorable ou funeste,

» Malte, nos Chevaliers, tout ici vous atteste

» L'intérêt tendre et vif que pour vous, dans nos cœurs,

» Excitent votre zèle et vos justes douleurs.

» Que vos vœux soient remplis! allez, beauté touchante,

» Honorer d'un héros la dépouille sanglante;

» Et vous, brave Ottoman, moins injuste envers nous,

» Dites à votre chef, qu'en secret mon courroux,

» Trop justement fondé sur son ame inhumaine,

» Ne veut point toutefois rendre haine pour haine:

» Dites-lui qu'il se tait à la voix de l'honneur;

» Et que d'un ennemi respectant le malheur,

» Les Chrétiens, renfermés au sein de leurs murailles,

» N'iront point de Dragut troubler les funérailles;

» Qu'il peut, sans nulle crainte, y donner quelques jours;

» De tant d'affreux combats interrompre le cours,

» Et rendre aux Musulmans un repos salutaire,

» A lui-même aujourd'hui devenu nécessaire. »

   Il cesse de parler. On se sépare... enfin

Du fort des assiégés on reprend le chemin.

Là gissait de Dragut la dépouille mortelle.

Par un juste respect, on veillait auprès d'elle.

De valeureux soldats, placés à ses côtés,

Gardaient ces restes chers, d'eux-mêmes respectés;

Tandis que sous sa pompe un drap riche et funèbre
Tenait caché le corps de cet homme célèbre.
Objet de tant de vœux, aux Musulmans rendu,
On l'emporte au milieu d'un cortége éperdu :
Il part; et, l'œil baigné d'un long torrent de larmes,
Chacun, en s'éloignant, exprime ses alarmes.
Dix esclaves portaient le héros expiré :
Ils suivaient tristement un étendard sacré
Flottant entre les mains du guerrier respectable,
Qui d'abord déploya ce signe inviolable.
Il guide le cortége, et, des remparts du fort,
Morne, les yeux baissés, dans le même ordre il sort.

    Au bruit des vains regrets qui troublent son silence,
Vers son armée en deuil ce Musulman s'avance.
On court le recevoir : un saint empressement
Dans les cœurs affligés éclate en ce moment.
Chacun sur le héros, déposé dans sa tente,
Vient pleurer de son chef l'amitié bienfaisante.
On n'entend que sanglots, qu'importunes clameurs.
Le désespoir se mêle à ces tristes rumeurs,
Et remplit tout le camp de cris, de voix plaintives,
Chers et pieux garans des douleurs les plus vives.
Mais le fils de la nuit, en descendant des cieux,
Des Musulmans bientôt appesantit les yeux :

Il calma leurs chagrins jusqu'à l'heure où l'aurore
Vint du poids de leurs maux les accabler encore.

Cependant l'Éternel, qui des faibles humains
Juge, condamne ou sert à son gré les desseins,
De la céleste voûte, empire du tonnerre,
Daigne laisser tomber ses regards sur la terre :
En les tournant vers Malte, il y voit, d'un côté,
Des guerriers pleins d'honneur, de générosité,
Dont la mâle vertu, la constante sagesse
Le touche dès long-tems et pour eux l'intéresse.
De l'autre, il aperçoit des êtres endurcis
Que la haine a plongés dans les plus noirs soucis,
Et dont le cruel chef, en son impatience,
S'efforce d'assouvir une injuste vengeance.
Il découvre plus loin, sur la plaine des mers,
Un monarque qui court réparer ses revers.
Mais à de tels projets ce puissant Dieu s'oppose :
Des élémens contre eux aussitôt il dispose.
Seul il sait asservir la Nature à ses loix :
Alors qu'il lui commande, elle tremble à sa voix ;
Et ce maître suprême, en réglant ses caprices,
De l'aveugle destin suspend les injustices.
Il veut, tout obéit : l'Aquilon sur les eaux
S'élance, et du sultan repousse les vaisseaux.

Détourné dans sa course, et battu par l'orage,
Soliman cherche en vain quelque prochain rivage.
Sans espoir de salut, sur la vague en fureur
Il erre, lui, les siens, victimes du malheur.
Contre lui déchaînée, une affreuse tempête
Mugissait sous ses pieds et tonnait sur sa tête.

Enfin de l'Éternel les décrets sont remplis :
Et la Nature, émue à la voix de son fils,
S'empresse de sauver des flots du vaste abîme
Un sultan qu'elle sert et qu'elle-même opprime.
Alors, par des secours et prompts et merveilleux,
Elle sait préserver des jours si précieux.
Soumise toutefois au Dieu qui lui commande,
Elle n'exauce point une injuste demande.
Mais, pour calmer son fils, le séduisant Amour,
Elle admet Soliman dans un riant séjour.
Par elle ses vaisseaux, échappés du naufrage,
Sont à l'instant poussés vers un pompeux rivage.
On y touche, on arrive, on descend sur ces bords,
Et des cœurs dans la joie éclatent les transports.

Qui ne se réjouit, en entrant dans cette île,
De trouver un paisible et salutaire asile ?
Un doux calme s'y joint à la splendeur des cieux.
Tout y flatte à la fois et le cœur et les yeux.

On s'avance, et le charme à chaque pas s'augmente ;

On y sent des Zéphyrs l'haleine caressante,

Et l'œil partout y voit, sous la feuille éclatans,

Et les fruits de l'automne et les fleurs du printems.

Là l'olivier, le myrte étalent leur parure.

Sous leur ombre serpente une eau tranquille et pure,

Dont les heureux détours, embrassant divers lieux,

Y vont entretenir un frais délicieux.

Le ciel de tous ses dons y montre l'assemblage.

De ces divers trésors la ravissante image

Brille à travers ces champs, parmi ces bosquets verts,

Qui jamais n'ont connu l'outrage des hivers.

Tout y croît sans culture ; et là, dans l'abondance,

Règne de l'âge d'or la première innocence.

Pour de tristes humains que poursuit le malheur,

Quel fortuné séjour ! quel asile enchanteur !

Le sultan qu'il séduit le contemple et l'admire ;

Il cède, en s'avançant, au pouvoir qui l'attire.

Le calme l'environne et renaît en son cœur ;

Où son revers le pousse il trouve le bonheur.

Là ce monarque enfin paie à la providence

Le juste et prompt tribut de sa reconnaissance.

Sur des tapis de fleurs il se livre au repos

L'espoir qui le fuyait sourit à ce héros :

Il oublie, un moment, la perte qui l'accable,
Et se confie aux soins d'un destin secourable.

Mais quel son tout-à-coup fait retentir les airs,
S'élève jusqu'au ciel, de l'abîme des mers ?
Au fracas de l'Etna ce son bruyant ressemble,
Et, frappé de terreur, tout le rivage tremble.
L'onde écume, mugit, s'entr'ouvre... et de son sein
Sort un colosse énorme, imposant et divin.
Sa tête est un rocher, un mont inaccessible.
Pour cheveux, des forêts chargent son front terrible.
Ses yeux sont deux fourneaux d'où partent mille éclairs.
Sa bouche pour haleine a le souffle des airs,
Et de ses larges flancs, s'échappent les tempêtes
Qui versent le désastre et la mort sur nos têtes.
En lui circule un feu vivifiant et pur.
Sa main droite des cieux soutient le vaste azur ;
Et l'autre, loin de-là, sur les flots étendue
Indique sa puissance en tous lieux répandue.
Monstrueux dans ses traits, tel qu'un géant altier,
Ce colosse étonnant semble être un monde entier.
De ses pores ouverts jaillissent des fontaines ;
Et de fougueux torrens bouillonnent dans ses veines.

Il répand la frayeur. Tous les Turcs éperdus,
Dans leur trouble d'abord demeurent confondus :

Ils sont tous prosternés. Mais le colosse immense
Dit au sultan : « Mortel, reconnais ma puissance.
» Esprit, corps à la fois, je suis tout l'univers.
» Moi-même je commande à ces mondes divers,
» Qui, par ma main guidés, se meuvent dans l'espace,
» Où d'un Dieu créateur chacun reçut sa place.
» Vois la Nature en moi. Génie universel,
» J'exerce en souveraine un pouvoir éternel.
» C'est par moi que tout vit, que tout être respire.
» Peuples et Rois, tout est sujet de mon Empire.
» Que sont auprès de moi les fragiles humains?
» Des êtres impuissans, quoique pourtant si vains.
» Mais calme ta frayeur, et sache, de ma bouche,
» Quel intérêt pour toi me prévient et me touche.
» Tes vertus, tes revers t'ont valu mes secours.
» Mes soins dans la tempête ont veillé sur tes jours.
» Ecoute : quand ton bras, aux Maltais redoutable,
» Fera tomber ses coups sur leur île coupable,
» Sultan, sache obéir à la terrible voix
» Qui viendra t'annoncer l'instant de tes exploits.
» Toutefois loin des bords où le courroux t'appelle,
» Reprends dans ce séjour une force nouvelle.
» Je t'y veux prodiguer mes plus chères faveurs,
» Et pour toi des destins tempérer les rigueurs. »

Il dit et disparaît. A l'instant, ô merveille !
Est-ce un enchantement ? jamais scène pareille
Du sultan satisfait n'avait charmé les yeux :
Il voit d'objets nouveaux se peupler ces beaux lieux.
Devant lui brille un chœur de beautés demi-nues ;
Nymphes de ces bosquets, bergères ingénues,
Dont le cœur simple, exempt de violens desirs,
Sans cesse s'abandonne à d'innocens plaisirs.
L'Amour guide leurs pas, sans qu'il ose sur elles
Essayer le pouvoir de ses flèches cruelles.
Il paraît sans bandeau, sans arc et sans carquois :
Une lyre en ses mains résonne sous ses doigts ;
Mais il donne l'exemple, et ses jeunes compagnes
Se dispersent au sein de ces belles campagnes.
Elles vont de Pomone y chercher les tributs ;
Y cueillir des trésors aux rameaux suspendus.
Toutes, de fruits, de fleurs, emplissent des corbeilles.
Tel on voit au printems un jeune essaim d'abeilles,
Qui, dans les champs de Flore épars et voltigeant,
Y moissonne et la cire et le miel odorant.

Enfin des déités, reines de ces bocages,
L'Amour vient au sultan présenter les hommages.
Les Nymphes à ses pieds déposent leurs présens,
Des mets d'un goût exquis, des fruits rafraichissans,

Dont l'aspect varié, dont l'offrande imprévue
Du monarque surprend et réjouit la vue.
Ainsi, lorsque les Dieux, au sublime séjour,
Du maître du tonnerre allaient grossir la cour,
Pour céleste échanson la jeune Hébé choisie,
Leur versait le nectar et servait l'ambroisie.

Ces Nymphes au sultan, avec non moins d'appas,
Présentaient un frugal et bienfaisant repas:
Elles n'y versaient point cette liqueur traîtresse
Qui porte dans nos sens et le trouble et l'ivresse;
Mais des sucs avec art exprimés par leurs mains,
Capables d'arracher au trépas les humains.
Servis par ces beautés, soigneuses de leur plaire,
Chefs, soldats, tous faisaient un festin salutaire.

Tant de précieux dons justement prodigués
Avaient rendu la force à leurs corps fatigués.
D'étonnement, d'espoir, leur ame était ravie;
Ils bénissaient la main qui leur rendait la vie.
Mais, pour flatter ces cœurs au-delà de leurs vœux,
Quelle gaîté se mêle à de folâtres jeux?
Avec l'heureux plaisir, enfant de l'abondance,
Aux douceurs du festin a succédé la danse.
L'Amour reprend sa lyre, aussitôt cent beautés
De partir en cadence, à pas précipités.

Leurs pieds, qu'un art charmant guide, agite avec grâce,
De l'herbe molle à peine effleurent la surface :
On s'élève, on retombe, on bondit tour-à-tour.
Telle, d'un pas léger, dansant avec l'Amour,
Psyché, sur notre scène à Terpsichore égale,
Pour enchanter nos yeux, se montre sa rivale.

    Tandis que l'Eternel, par de puissans moyens,
Détourne Soliman des rivages chrétiens,
Hascen, que fait agir une amitié constante,
Court, cherche Mustapha, l'aborde dans sa tente,
Et tout ému lui dit : « Seigneur, pour un ami,
» Que nos pleurs n'ont encore honoré qu'à demi,
» Tout réclame la pompe et les devoirs funèbres
» Qu'attendent ses vertus et ses travaux célèbres.
» Notre camp les demande ; et, durant quelques jours,
» Veut à ses justes pleurs donner un libre cours... »
« Est-ce à lui d'ordonner ? répond avec colère
» L'impatient vieillard, à ses desirs contraire.
» Que Dragut soit par vous inhumé, j'y consens :
» Mais pour de vains honneurs perdre un précieux tems ;
» Laisser à l'ennemi, pendant ces funérailles,
» Fortifier ses tours, relever ses murailles,
» C'est trop en exiger. Nul n'obtiendra de moi
» Que des momens si chers n'aient point un autre emploi. »

« Vieillard !.... et voilà donc tout le prix du courage !

» Repart Hascen, outré d'entendre un tel langage.

» Est-ce ainsi que l'honneur reconnaît les travaux

» D'un guerrier, dès long-tems chéri de vos égaux ?

» On sait de son rival la basse jalousie,

» De quel dépit son ame est en secret saisie.

» Quil achève, l'ingrat ! que, jusqu'après sa mort,

» Il poursuive un héros dont tout pleure le sort ;

» Mais qu'il n'espère point, dans ses refus profanes,

» D'outrager devant nous impunément ses mânes :

» J'en atteste à la fois le ciel et l'amitié.

» Dragut ne sera point lâchement oublié.

» Moi, ses soldats, les miens, armés pour sa défense,

» Saurons ou prévenir ou venger son offense. »

　　« Jeune homme ! réprimez de criminels transports,

» Réplique le vieillard ; et, jusque dans ses torts,

» Respectez un bacha, dont le pouvoir suprême

» Peut, s'il le veut ainsi, s'étendre sur vous-même ».

« Sur moi ! reprend Hascen, ardent et furieux,

» Eh ! qui donc m'asservit à ton joug odieux ?

» Connais mieux ton égal, il rit de ta menace,

» Et rougit d'endurer un tel excès d'audace.

» En vain ta bouche allègue un souverain pouvoir ;

» J'ai, pour le balancer, Dragut et mon devoir.

» Que dans l'espoir honteux qui t'aveugle et te flatte,

» Tout mon ressentiment sur l'heure même éclate. »

« C'en est trop, dit le chef : soldats de Soliman !

» Arrêtez, arrêtez ce superbe Ottoman ;

» Que pour lui nul égard à mes ordres s'oppose !

» Son rang ne m'est plus rien après tout ce qu'il ose ;

» Saisissez-le... » Bientôt, craint autant que haï,

Ce farouche vieillard allait être obéi ;

Mais le bouillant Hascen, transporté de colére,

Sur lui, sur les soldats lève son cimeterre.

La querelle est au comble, et Dieu, qui la permet,

Veut confondre et punir l'orgueilleux Mahomet.

    La Discorde, couvrant sa course d'un nuage,

Dans le camp menacé fond pareille à l'orage.

La foudre la précède, et, parmi les éclairs,

Sa présence à grand bruit s'annonce dans les airs.

Tout fuit à son aspect. Sur sa rive sanglante,

Malte voit augmenter son deuil et l'épouvante.

L'implacable déesse, en ce triste séjour,

Afflige la Nature et fait pâlir le jour.

Du courroux des bachas, de leurs débats charmée,

Elle en porte aussitôt la nouvelle à l'armée.

Là sa bouche distille et vomit le poison :

Sa voix dans tous les cœurs étouffe la raison.

Elle souffle, elle exhale une haleine infectée :
Ardente à tout corrompre, au carnage excitée,
Elle accroît le désordre, elle sème l'erreur,
Et dans tous les esprits fait entrer la terreur.
Les enfers déchaînés suivent cette furie :
Elle obsède la foule ; elle vole, s'écrie,
Exagère partout, avec malignité,
L'affront fait à Dragut par un chef irrité.
Aux élans redoublés de sa voix infernale,
Naît, fermente, s'annonce une audace brutale.
  C'était peu d'enfanter, d'exciter ces rumeurs,
D'oser dans tout le camp promener ses fureurs :
Jusque sur les Chrétiens, par un noir artifice,
Elle veut que sa rage à la fois s'assouvisse.
Pour mieux exécuter son odieux dessein,
Elle court dans un fort répandre son venin.
Là venait d'arriver un neveu du grand-maître.
Jeune et dans les combats avide de paraître,
Sans cesse il ne songeait, n'aspirait qu'au bonheur
De voler aux assauts, d'en affronter l'horreur.
Un ami partageait son audace guerrière.
Appelé par son goût dans la même carrière,
Le jeune Polastron, esprit non moins ardent,
Etait de ses secrets le zélé confident.

Excitant les esprits ; avec la confiance,
Ils font passer en eux leur vive impatience.
Tous brûlent de partir, d'aller au champ d'honneur
Signaler des Chrétiens l'indomptable valeur.
La Discorde s'agite, exhorte, anime, presse,
Achève de séduire une ardente jeunesse.
Tout ce que la cruelle en ce moment lui dit
Irrite son envie, au péril l'enhardit :
Et les chefs, tant leur âme est par elle abusée,
Se promettent d'avance une victoire aisée.
Le trouble des bachas, le désordre croissant
Entretient dans ces cœurs l'espoir le plus puissant.
Tout les flatte, tout sert l'infernale déesse
Qui colore les mots de sa bouche traîtresse,
Et qui, pour mieux cacher à leurs yeux sa noirceur,
Prend d'un génie heureux le noble extérieur.

Mais à l'instant les airs se couvrent de nuages,
Dont les flancs sont tout prêts à vomir les orages.
L'obscurité par eux sur les murs se répand,
Et du haut des remparts dans la plaine s'épand.
A la faveur de l'ombre et d'un profond silence,
Vers l'armée en tumulte un bataillon s'élance :
Il est par La Valette et Polastron conduit.
Sur leur tête quel son, quel effroyable bruit !

Dans la nue embrasée éclate le tonnerre.
Des cris, des hurlemens épouvantent la terre.
C'est d'un monstre odieux le triomphe fatal.
A sa rage applaudit un cortége infernal :
Et la Discorde prête à dévorer sa proie,
Exprime, en la voyant, sa criminelle joie.
   Le camp dans sa rumeur allait être surpris.
Vers lui marchaient, volaient des cœurs de gloire épris,
Dont la soif des combats, l'approche inattendue,
Menaçait son enceinte alors peu défendue :
Et le tumulte encore y croît par le retour
Du monstre qui prétend y fixer son séjour.
A sa vue, aux accens de sa voix redoutable,
Dans les esprits l'emporte une fureur coupable.
On veut venger Dragut et son illustre ami.
D'un tel désordre en vain l'amiral a frémi :
Il part, hâte ses pas, arrive dans la tente
Où l'appelle à grands cris la Discorde sanglante.
   Que devenait l'armée, en ces tristes momens,
Si, pour ramener l'ordre au sein des Musulmans,
Mahomet aux bachas, auteurs de ces alarmes,
N'eût lui-même opposé les plus puissantes armes ?
Il descend dans le camp sous les traits d'un mortel,
Aborde Sélima, dit, d'un ton paternel :

« O femme courageuse ! au nom de la patrie ;
» Au nom de ces vertus dont ton ame est nourrie,
» Cours te jeter aux pieds de nos chefs divisés,
» Calmer de leur courroux les transports insensés,
» Et leur offrant en toi la beauté suppliante,
» Finir de ces guerriers la querelle sanglante.
» Va, cours, fais sans tarder ce que le ciel prescrit : »
Il disparaît, et laisse en elle son esprit.

   A l'éclat qui décèle et trahit le prophète,
Sélima de son Dieu reconnaît l'interprète :
Elle cède à sa voix, et court, avec ardeur,
De deux cœurs emportés appaiser la fureur.
Elle arrive, ô douleur ! Elle voit devant elle
La Discorde écumante, insultant à son zèle,
Ébranler les esprits, demeurés en suspens,
Et lancer aux bachas ses livides serpens.
Dans la main de ces chefs brillait un fer impie.
De quels maux leur querelle allait être suivie !
Sélima pousse un cri, s'élance au milieu d'eux,
Va, vient, oppose à tous des efforts généreux.
Par ses vœux, ses discours, par son constant courage,
Elle seule commande, et conjure l'orage.
Hascen est attendri des accens de sa voix
Et son rival ému pour la première fois :

« Ami de Soliman, dont la mâle vieillesse

» A si souvent, dit-elle, attesté la sagesse,

» Ne montrez point une ame insensible à mes pleurs.

» Je tombe à vos genoux sous le poids de douleurs.

» Que le ciel qui m'inspire en ce moment vous touche !

» Pour vous en supplier, il emprunte ma bouche :

» Il vous conjure, au nom de vos brillans travaux,

» De ne pas oublier la cendre d'un héros ;

» De permettre, seigneur, qu'un juste et prompt hommage

» D'un généreux guerrier honore le courage.

» Ne nous refusez point une telle faveur :

» Ou ce fer, de ma main, se plongeant dans mon cœur,

» Préviendra d'un affront la trop funeste suite,

» Et du sort contre moi finira la poursuite.

» Voyez où nous réduit un aveugle courroux ;

» Et sauvez des amis qui n'espèrent qu'en vous. »

   De si pressans discours sont suivis de ses larmes.

Sa résolution, le pouvoir de ses charmes,

L'ascendant que lui donne un si beau dévoûment,

Servent de Mahomet l'heureux empressement.

Partout ses pleurs, ses cris maîtrisent la colère,

Produisent sur les cœurs un retour salutaire :

Ils triomphent dès-lors des esprits irrités,

Et du fier Mustapha changent les volontés.

Ce vieillard désarmé garde un profond silence :
Il s'étonne ; il admire avec quelle puissance
Cette jeune mortelle a charmé son dépit,
Ébranlé son courroux dont le feu s'assoupit.
Le calme enfin renaît ; et la Discorde en fuite,
De rage frémissant, s'éloigne avec sa suite.
De même parmi nous, au retour du printems,
On voit les noirs frimas, les furieux Autans
Fuir nos champs émaillés, et céder leur empire
Au souffle caressant de l'aimable Zéphire.

FIN DU CHANT NEUVIÈME.

LA MALTÉIDE.

CHANT DIXIÈME.

SOMMAIRE.

Séduit par les promesses insidieuses de la Discorde, un bataillon, sous la conduite de La Valette, neveu du grand-maître, et de Polastron son ami, sort d'un des forts de l'île, dans l'espoir de surprendre l'armée turque. — Il est prévenu et attaqué par Hascen. — Choc terrible des Chevaliers et des Musulmans. — Les jeunes La Valette et Polastron font des prodiges de valeur. — Dévoûment de ces deux amis. — Leur fin généreuse et celle de leurs compagnons. — Hascen rentre dans le camp. — Il presse les funérailles de Dragut. — Description de ces cérémonies funèbres et nocturnes. — Arrivée de Soliman dans Malte. — Sa présence ranime les soldats, et fait craindre aux Chevaliers la perte de leurs forts. — Chagrins du grand-maître. — La Gloire lui apparaît, lui révèle les destinées de Malte, et relève son courage dans le malheur dont il est menacé, etc.

CHANT DIXIÈME.

Cependant vers le ciel s'élancent mille cris :
« Aux armes, compagnons! voici les ennemis! »
S'écrie, en accourant, une garde avancée,
D'étonnement saisie, et de frayeur glacée.
A peine un faible jour qui trahissait les yeux,
Luttait contre la nuit, répandue en ces lieux.
Une subite ardeur fait taire les alarmes.
On se presse, on s'agite, on court, on vole aux armes.
Tels sont sur un vaisseau les cris des matelots,
Quand les vents déchaînés bouleversent les flots :
On appelle, on commande, on s'excite au courage ;
On s'épuise en efforts contre ceux de l'orage.
  Mais déjà Piali, dans la plaine accouru,
Aux regards des Chrétiens tel qu'un foudre a paru.
En vain, aidé d'Hascen, il se montre terrible.
Animé d'une audace à qui tout est possible,
Quoiqu'en nombre inégal, le bataillon surpris
Se défend, sans que rien ébranle ses esprits.

Le jeune LaValette aux deux bachas oppose
Une intrépidité qui tout brave et tout ose,
Près de lui Polastron combat au premier rang.
Cependant devant eux coulent des flots de sang;
Et long-tems leur vaillance entretient le carnage
Qu'ils font des Ottomans, pour s'ouvrir un passage.
Encore plus hardis à l'aspect du danger
Où leur guerrière ardeur vient de les engager,
Ils ne prétendent plus, dans leur lutte inégale,
Qu'à trouver une mort aux Musulmans fatale.

  L'amitié les soutient, les rend audacieux :
Et l'un pour l'autre ils font mille efforts glorieux.
Si l'un est menacé, l'autre à l'instant partage
Le péril qu'il affronte et dont il le dégage.
C'est à qui du trépas sauvera son ami.
Leur dévoûment redouble : et ce couple affermi,
Plus redoutable seul qu'une phalange entière,
Cent fois aux Musulmans fait mordre la poussière.
Hascen avec les siens, déchaîné sur ces bords,
Se fait jour à travers les mourans et les morts :
Il s'avance; et son bras, poussé par la vengeance,
Des deux jeunes guerriers force la résistance.
Il blesse LaValette. Aussitôt Polastron,
Dont l'amitié transporte, égare la raison,

Au-devant du bacha, court, furieux s'élance
Et soutient de ses coups toute la violence.
Bravant pour son ami le tranchant de l'acier,
Il lui fait de son bras un puissant bouclier.
Vain secours ! dans le sang que répand sa blessure,
La Valette, insensible aux douleurs qu'il endure,
Veut encor résister, veut par d'heureux efforts,
Et défendre et couvrir Polastron de son corps.
L'un et l'autre à l'envi se disputent la gloire
D'un trépas aussi cher pour eux que la victoire,
Qui de l'un d'eux retarde, au moins pour un instant,
Le rigoureux destin qui tous deux les attend.
    Mais dans ses vains desirs La Valette succombe.
Deux fois il se relève, et deux fois il retombe :
Enfin, couvert des flots du sang qu'il a versé,
Aux pieds de Polastron il demeure épuisé.
Plus bouillant toutefois, en ce moment funeste,
Son jeune ami défend le souffle qui lui reste.
Que fera-t-il, privé de son fidèle appui ?
Avec plus de fureur tout combat contre lui.
Hascen l'allait frapper. Mais soulevant sa tête,
La Valette l'implore, et par ses vœux l'arrête.
« Vaillant bacha, dit-il, en lui tendant les bras,
» Je vous demande grâce : au nom de mon trépas,

» Content d'une victoire où par vos coups j'expire,

» Epargnez mon ami... » «Qui! moi, que je respire!

» Dit l'ardent Polastron, lorsque tu m'es ravi!

» Non, non. De mon trépas le tien sera suivi. »

Hascen, à ce discours, sent fléchir sa colère;

Mais tandis qu'en son cœur ce bacha délibère,

La foule qui s'accroît, de cent coups meurtriers,

Sans pitié frappe, abat ces deux jeunes guerriers.

Si ma muse avec vous doit prétendre à la gloire,

Amis, qu'elle éternise un jour votre mémoire!

Qu'elle ajoute vos noms à ceux de ces mortels,

Dont la rare amitié mérite des autels!

    Alors, de quelle horreur s'augmente encor le trouble!

Autour de ces guerriers le carnage redouble.

Pour venger leur trépas, irrités, menaçans,

Les Chrétiens réunis poussent des cris perçans,

Et pleins d'une fureur qui veut être assouvie,

A leurs chefs expirés courent donner leur vie.

La Discorde, témoin d'un si sanglant revers,

De hurlemens encore épouvante les airs.

Mille cris de sa rage expriment l'allégresse.

Son noir cœur s'applaudit de sa scélératesse;

Et, pour mieux contempler son horrible attentat,

A la face du jour elle rend son éclat.

Mais l'intrépide Hascen, au sein d'un tel carnage,
D'un vif attachement donne le témoignage.
« Laissons, dit-il, le soin d'ensevelir ces morts
» Aux Chrétiens qui déjà les pleurent dans leurs forts :
» Et pendant les honneurs qu'à Dragut on va rendre,
» Ne craignez point, soldats, qu'ils nous viennent surprendre.
» vous pouvez, quand le deuil tient leurs cœurs abattus,
» Inhumer votre chef, et pleurer ses vertus. »
A ces mots il revole où l'amitié l'appelle.
A de pieux devoirs se livrant avec zèle,
Il en prescrit la pompe, en presse les apprêts ;
Et pour le saint convoi, chefs et soldats sont prêts.

La nuit avait au loin répandu les ténèbres.
Le calme et l'épaisseur de ses voiles funèbres
Rendent plus imposant le lugubre appareil
Du convoi qui s'avance et chasse le sommeil.
A la pâle lueur des torches funéraires ;
Parmi des sons plaintifs, des cris, des pleurs sincères,
Sur un lit, par le zèle et le deuil apprêté,
L'infortuné Dragut est lentement porté.
Son front pâle est orné d'une riche couronne.
Jusqu'après son trépas, quel éclat l'environne !
Des armes, des lauriers, emblèmes glorieux,
Attestent sa vaillance et ses faits belliqueux.

Hascen, en lui donnant le juste et pieux gage

D'un amour qu'en son cœur nul autre ne partage,

Veut qu'avec les sanglots, la tristesse et les pleurs,

Le faste aussi domine en ces derniers honneurs.

Mais sous quel sombre aspect tant de pompe est offerte ?

D'un crêpe noir on voit chaque enseigne couverte,

Et les coursiers du mort, le crin libre et flottant,

Traîner le luxe vain d'un harnois éclatant.

Naguère il les parait dans leur démarche altière ;

Mais plus humble il sillonne aujourd'hui la poussière,

Rampe, et gage expressif d'un véritable deuil,

Dit le sort d'un héros si voisin du cercueil.

    Dans ce triste convoi, par un saint privilège,

Des ministres sacrés présidaient le cortège ;

Ils mêlaient à leurs chants des plaintes, des regrets,

Et du vaillant Dragut honoraient les cyprès.

Dans leur grave maintien et leur démarche lente,

Ils donnaient de leur peine une preuve touchante.

Du héros musulman tous pleuraient les vertus.

Après eux, consternés, les regards abattus,

S'avançaient les bachas, dont le profond silence

De leur secret tourment taisait la violence.

A côté, par des cris qui déchiraient les cœurs,

La jeune Sélima déployait ses douleurs.

Ses compagnes, comme elle, avaient voilé leurs charmes,
Et de leur tendre amour exprimaient les alarmes.
Des guerriers les suivaient : mille et mille soldats,
Encore tout émus de leurs derniers combats,
Le front courbé, l'œil morne et fixé vers la terre,
Déploraient en secret les malheurs de la guerre ;
Ils cheminaient, au bruit d'un airain gémissant,
Dont les échos plaintifs multipliaient l'accent.
Tous en ordre avançaient. Dans sa marche imposante,
L'armée était pareille à la vague dormante,
Qu'un paisible Aquilon soulève mollement
Dans les champs aplanis de l'humide élément.
long-tems, comme le flot qu'un autre flot précède,
Le soldat au soldat à tout moment succède.

    Trois fois, pleurant Dragut, enlevé sans retour,
De l'enceinte du camp l'ennemi fit le tour ;
Et trois fois, les rochers sourdement répondirent
A cent bronzes tonnans, dont leurs antres gémirent.
Tant de sons prolongés réveillaient les échos,
Et du rivage, allaient expirer sur les flots.
Enfin, dans un tombeau, d'une simple structure,
Dragut, non loin du port, reçoit la sépulture.
Là de mille flambeaux la funèbre clarté
De la nuit sombre encor perçait l'obscurité.

Au bacha, sans tarder, on dresse une colonne
Telle que des esprits la piété l'ordonne :
On y place au-dessus l'image du héros,
Plus bas quelques cyprès, des lauriers, des pavots,
De frêles ornemens, des lys, des roses mêmes,
De nos jours trop bornés vrais et tristes emblèmes.

    Ainsi, ce fier courage au tombeau descendu,
Dans l'ombre et le néant demeure confondu.
Parmi les Musulmans règne un morne silence.
Mais, toujours maîtrisé par son impatience,
Leur vaillant chef s'écrie : « Amis de Soliman !
» Illustres défenseurs de l'Empire Ottoman !
» Compagnons de Dragut ! pleurez ici sa perte ;
» Mais qu'à de vains regrets trop lâchement ouverte,
» Votre ame n'aille point, au lieu de le venger,
» Eviter des combats la gloire et le danger.
» D'impérieux travaux dans Malte vous attendent.
» Dragut vous les prescrit, ses mânes les demandent.
» Satisfait et comblé de vos derniers honneurs,
» Lui-même il vous exhorte et commande à vos cœurs.
» Soldats ! ne perdons point un moment favorable.
» Pour calmer vos ennuis, qu'un sommeil secourable
» De vos corps fatigués répare la vigueur,
» Et de tant de guerriers ranime la valeur. »

Il dit, on se retire. Une garde puissante
Veille auprès du tombeau sous une vaste tente;
Et tous les chefs, livrés à de nouveaux projets,
Vont de Morphée aussi partager les bienfaits.

Mais avant qu'au bacha, plongé dans les ténèbres,
On prodiguât les pleurs et les accens funèbres,
Chez les Chrétiens frappés d'un coup innattendu,
Quel deuil avec l'effroi s'est déjà répandu?
Le rigoureux destin du jeune La Valette,
Celui de Polastron, leur cruelle défaite;
Tant de guerriers perdus par leur témérité,
Tenaient dans ses remparts tout un peuple agité.
Le grand-maître sur-tout, en proie à la tristesse,
Donnait aux cris du sang des signes de tendresse:
Il pleurait un neveu, mortel infortuné.
Mais toujours par l'honneur ce prince dominé
Commande à ses chagrins, se livre à son courage,
Et de son front écarte un douloureux nuage.
Quelque soin qui l'obsède, il ordonne d'abord
D'inhumer les guerriers que lui ravit la mort.
On accourt dans un champ, théâtre des batailles.
On y fait des Chrétiens les tristes funérailles;
Et la terre, pour eux, en s'ouvrant au trépas,
Recèle dans son sein de malheureux soldats.

Leurs vaillans chefs, comme eux ravis à la lumière,
Non loin de là gisaient, couchés sur la poussière.
Tous deux, brillans de gloire, étaient dans leur printems ;
Tous deux joignaient la grâce à la fleur de leurs ans :
Et, dans un même jour, le cruel sort des armes
A terni sans pitié l'éclat de tant de charmes !
'Leur corps avec le souffle a perdu sa chaleur.
Sur leur front épandue, une froide pâleur
Des voiles du trépas a couvert leur visage.
Leurs yeux d'un cœur ardent ne seront plus l'image.
Le feu dont ils brillaient s'est éteint pour jamais.
La mort a sans retour moissonné leurs attraits :
Et tous deux, dans le sang qui teint leur chevelure,
D'une vile poussière éprouvent la souillure.
Tel l'arbre de Vénus, atterré par les vents,
Languit et perd l'éclat de ses rameaux vivans :
Jadis l'objet des soins des Nymphes et de Flore,
Il ne se ressent plus des bienfaits de l'aurore.
Son front pâle et flétri, dépourvu d'aliment,
Ravit à nos jardins leur plus bel ornement :
Il meurt, et dépouillé de son riant ombrage,
De l'Aquilon fougueux il atteste l'outrage.

Après les tristes soins et les devoirs sacrés
Rendus dans la campagne aux Chrétiens expirés,

On emporte leurs chefs au centre des murailles,
Où tous deux les attend l'honneur des funérailles.
Alors, quoiqu'il blâmât leurs imprudens projets,
La Valette leur paie un tribut de regrets.
Qu'à son cœur paternel leur mémoire était chère!
Il plaignait, il louait leur audace guerrière....
Mais contre ce héros, qu'assiège le malheur,
Que les destins encor vont s'armer de rigueur!
Ils servent, sans obstacle, un sultan redoutable
A qui ce jour promet un sort plus favorable.
Muse, pour le chanter, ranime tes accens,
Et peins-nous sur les flots ses vaisseaux menaçans.
D'abord le fier monarque, en son impatience,
Regretta des momens perdus pour sa vengeance;
Mais soumis, et du ciel adorant les décrets,
Il avait su calmer ses déplaisirs secrets.
Toutefois, animé d'une valeur nouvelle,
Il brûlait de voler où l'appelait son zèle,
De tirer du repos ses fidèles soldats,
Avides comme lui de courir aux combats.
Ses destins sont changés. Enfin le Dieu suprême,
Qui du dernier malheur le menaça lui-même,
Cesse sur ce héros d'appesantir sa main,
Et l'abandonne aux lois de l'aveugle destin.

La Nature aussitôt, par l'Amour implorée,
Commande aux habitans de la voûte azurée.
A sa voix, sur les flots sont accourus les vents,
Non pas ces fils d'Eole, Aquilons violens,
Dont le souffle orageux, dont la bruyante haleine
Exerce sur les mers une rage inhumaine.
Ce sont d'heureux Zéphyrs, d'invisibles esprits,
Enfans aériens, d'Amphitrite chéris,
Qui, du savant pilote abrégeant les voyages,
Le poussent sans péril vers de lointains rivages.
    Soliman sur les eaux est par eux emporté.
Il fend l'onde, il s'éloigne, il vogue en liberté.
Vers Malte il est conduit. Dans sa course rapide,
Il traverse les champs de l'élément liquide.
L'espoir luit à ses yeux, enflamme sa valeur,
Et lui montre le terme où tendait sa fureur.
    Enfin l'île paraît.... à l'instant l'airain tonne.
Aux plus joyeux transports la flotte s'abandonne:
Et le riche appareil d'un monarque puissant
Fait briller dans le port les signes du Croissant.
A leur premier aspect, que de cris d'allégresse
Succèdent dans l'armée à la sombre tristesse!
Un héros invincible arrive à son secours:
Il vient de ses chagrins interrompre le cours;

Réparer des malheurs, causés par son absence,
Et des cœurs abattus relever l'espérance.
Ainsi, lorsque porté sur l'aile des Zéphyrs,
Le printems avec soi ramène les plaisirs,
L'habitant des hameaux s'abandonne à la joie.
Dans les champs réjouis la gaîté se déploie :
Aux chants de la bergère, aux accords des oiseaux,
Se mêle agrestement le son des chalumeaux ;
Et ces bruyans concerts, qui montent dans la nue,
De la belle saison annoncent la venue.

De même les soldats, à l'aspect d'un héros
Long-tems par les destins poursuivi sur les flots ;
Après avoir tremblé tant de fois pour sa vie,
Exprimaient les transports de leur ame ravie.
Du port, de tout le camp les bronzes meurtriers
Ont joint leur voix tonnante à celle des guerriers.
Au-devant du monarque on court vers le rivage.
C'est à qui le premier lui rendra son hommage.
Mille et mille sujets, jusqu'au port avancés,
A recevoir leur chef se sont tous empressés.
Il débarque, et suivi d'une foule bruyante,
Il est conduit au sein d'une superbe tente.
Là le zèle avait fait les plus dignes apprêts ;
Là brillait par ses soins le luxe des palais.

De somptueux tapis, dans leur magnificence,

Etalaient avec l'or une richesse immense.

Du faîte, qu'il ornait, s'élançait vers les cieux

Un Croissant, dont l'éclat au loin frappait les yeux.

Sept pompeux étendards en décoraient l'entrée.

Du Prophète sur-tout l'enseigne révérée,

Par un pieux respect, flottait séparément,

Et faisait de ces lieux le plus bel ornement.

Là Soliman d'abord, l'ame en secret charmée,

Applaudit à l'accueil de sa fidelle armée.

Mais bientôt, ô disgrâce! ô dépit douloureux!

Il apprend de Dragut le destin rigoureux,

Les revers du Croissant, et la vive défense

D'un fort qui lui résiste et brave sa puissance.

A ce fatal récit, un prompt ressentiment

S'éveille dans son cœur dont s'accroit le tourment.

Il s'indigne, il frémit qu'on ait, en son absence,

Terni sa renommée avec tant de constance.

Il parcourt tout le camp, l'examine, puis sort,

Et, pensif, agité, court observer le fort.

De retour dans sa tente, il veut qu'à l'instant même

On vienne y recevoir sa volonté suprême.

On s'assemble; et les chefs, troublés, irrésolus,

Attendent du Sultan les ordres absolus.

Devant eux toutefois ce héros se modère :
Il parle sans aigreur, quoique d'un ton sévère.
Dans son noble courroux qu'il prend soin de calmer,
Au sort de ces bachas il sait se conformer.
Sérieux cependant, et montrant un visage
Où se peint de son cœur l'impatient courage,
Il veut qu'avec le jour l'assaut recommencé
Venge dans ses soldats son pouvoir offensé.
Du redoutable fort l'attaque est résolue,
Et jusqu'au lendemain seulement suspendue.

Après tant de périls, tant de sanglans travaux,
Pour les Chrétiens encor quels terribles assauts !
A peine Soliman aborde leur rivage,
Que méditant leur perte, il s'excite au carnage ;
Qu'avec ses bataillons, indomptables renforts,
Il prétend foudroyer leurs plus superbes forts.
Sur eux il veut, conduit, excité par la haine,
Assouvir la fureur où son courroux l'entraîne.
Le bruit d'un tel projet, du meurtre avant-coureur,
Bientôt aux assiégés court porter la terreur.
Mais la vertu triomphe ; et, dissipant le trouble,
Le zèle dans les cœurs se réveille et redouble.
On oppose dès-lors à des périls certains
Le desir de trouver d'honorables destins,

6

De mourir sur la brèche, ou, contre toute attente,
D'y cueillir des vainqueurs la palme triomphante.
     L'ombre succede au jour. Le grand-maître inquiet,
A des pensers divers s'abandonne en secret.
Son danger tour à tour et l'occupe et l'agite :
Assis dans son palais, il réfléchit, médite,
Et cherche en son esprit, par quels heureux moyens,
Il pourra secourir les malheureux Chrétiens.
De mille soins son ame est long-tems obsédée.
Vingt projets à la fois s'offrent à son idée.
Pour vaincre ou détourner un danger si pressant,
Aucun n'est assez prompt, nul n'est assez puissant ;
Mais il suffit qu'en Dieu constamment il espère.
Le ciel, le ciel lui-même en ce moment l'éclaire.
O merveille ! aussitôt son palais radieux
D'un éclat inconnu brille devant ses yeux.
De cette pompe encor la richesse s'augmente :
Et, parmi les rayons d'une nue éclatante,
Le héros voit sortir une divinité,
Qui réunit la grâce avec la majesté.
Dans ses ardens regards le génie étincelle.
L'honneur, le noble orgueil marchent à côté d'elle.
Idole des grands cœurs, à ses divins autels
Elle attache, asservit les plus fameux mortels.

Sa taille est imposante ; et, de son front sublime,
Jaillit le feu sacré qui sans cesse l'anime.

   Déesse de la gloire, elle est reine des cieux.
C'est elle qui conduit l'illustre audacieux,
Le héros et tous ceux, qui jaloux de lui plaire,
S'élèvent dans leur vol au-dessus du vulgaire.
Elle s'adresse et dit au grand-maître surpris :
« Seigneur, dans ces destins, rassurez vos esprits.
» Le ciel à votre sort lui-même s'intéresse.
» En vain des Musulmans la vengeance vous presse :
» Aux projets de leur prince, à son ressentiment
» Ne cessez d'opposer un rare dévoûment.
» Ici, que de périls vous menacent encore !
» Quels assauts, quels combats doit éclairer l'aurore !
» Demain, pareille aux flots qu'un vent impétueux
» Pousse contre les flancs d'un rocher sourcilleux,
» Jusque sur vos remparts, une foule aguerrie
» Viendra de ses torrens déchaîner la furie.
» Le nombre à la valeur joindra l'acharnement.
» Partout vos yeux verront un spectacle alarmant ;
» Mais qu'il rallume en vous tout le feu du courage !
» Que le salut de Malte enfin soit votre ouvrage !

   » Pour prix de ces travaux, de vos sanglans revers,
» L'Éternel, devant qui tremble cet Univers,

» Tout-à-coup changera le destin des batailles,
» Pour fixer la victoire au sein de vos murailles.
» Ces lieux, sauvés par vous, long-tems seront fameux :
» L'histoire en parviendra chez vos derniers neveux.
» Eh ! qui mieux, ici bas, que la vertu constante,
» Mériterait du ciel la faveur éclatante ?
» Elle seule le touche ; elle seule au héros
» Assure les honneurs d'un glorieux repos.
» Levez, fixez les yeux vers la voûte éthérée,
» Et contemplez, seigneur, le céleste empyrée. »
	A l'instant, ô prodige ! en l'absence du jour,
Paraît au haut des airs un rayonnant séjour.
Là le grand-maître voit, dans des flots de lumière,
D'un temple s'élever l'architecture altière.
Ce temple avait l'éclat du plus vif diamant :
Il dominait lui seul le vaste firmament.
Cent colonnes l'ornaient, se montraient élégantes,
Et des feux du rubis étaient étincelantes.
La pompe, le travail, un art délicieux,
Faisaient de ce palais un chef-d'œuvre des cieux.
A son faîte brillait un triple rang d'étoiles.
Jamais la sombre nuit n'y déploya ses voiles.
De l'air seul, en tout tems, les espaces lointains
En dérobent la vue aux regards des humains :

Il se cache à la terre, et ce n'est qu'un miracle
Qui peut à l'œil de l'homme en offrir le spectacle.
    Sous son portique, on voit en foule se presser
Des esprits, qu'un génie a soin de repousser.
Ce sont des faux héros les ames turbulentes
Aux portes de ce temple, à toute heure, présentes :
Leur essaim s'y grossit, y prétend aux honneurs
D'un séjour qui n'est dû qu'aux vertus des grands cœurs.
« Voyez, poursuit alors l'héroïque Déesse,
» Voyez de ces esprits comme chacun s'empresse,
» S'obstine à pénétrer dans ce palais divin,
» Et comme un fol espoir les y rappelle en vain.
» Peu doivent l'habiter; peu s'en sont rendus dignes
» Par de glorieux traits, par des bienfaits insignes.
» Aux plus parfaits héros ces lieux sont réservés:
» Ils y sont, à leur mort, sur mon aile élevés.
» On y voit pleins d'éclat plusieurs de vos ancêtres,
» De pieux Chevaliers, de généreux grands-maîtres:
» Tel est Raymond, célèbre et par sa dignité
» Et par son dévoûment envers l'humanité;
» Villiers-de-l'île-Adam, qu'un sublime courage
» Avant vous, illustra sur un autre rivage;
» Guerrier sage, alliant à l'extrême valeur
» La plus haute vertu dans le plus grand malheur.

» Tous les héros, admis dans cette enceinte auguste,

» Ont mérité le nom de bienfaisant, de juste.

   » Mais ces esprits, toujours en foule rebutés,

» Sont ceux de ces mortels, superbes, redoutés,

» Qui, pendant le long cours d'une importune vie,

» Ont tout fait pour leur nom et rien pour la patrie.

» Arrêtés sur le seuil de ce temple immortel,

» Ils ne font qu'y porter un vol continuel.

» Un génie imposant veille sous son portique.

» Admirez et sa taille et son port magnifique.

» Ses ailes, qui du ciel ont emprunté l'azur,

» À leur extrémité se couronnent d'or pur.

» Tel qu'un brillant soleil, alors qu'il les déploie,

» Il enflamme les airs des feux qu'il leur envoie.

» Il est resplendissant : et la sérénité

» Dans ses traits gracieux se joint à la fierté.

» Doux, à la fois sévère, armé d'un fer terrible,

» à l'essaim qui l'assiége il se montre inflexible.

» Sans cesse il le repousse ; et ces fantômes vains

» Sans cesse sont errans sur les parvis divins.

» Tel est l'heureux séjour que le ciel équitable

» Destine, après la mort, au héros véritable.

» Vous y devez, seigneur, occuper un haut rang.

» Nul d'entre les mortels n'y paraîtra plus grand :

» Et ceux qui, dominés par leur vertu guerrière,

» Marcheront, après vous, dans la même carrière;

» Grands-Maîtres, Chevaliers, admis dans ce palais,

» Y cueilleront aussi le fruit de leurs hauts faits. »

Ainsi prophétisait l'immortelle Déesse.

Le grand-maître en silence admirait sa noblesse;

Et ses esprits, frappés d'un saint étonnement,

Demeuraient dans l'extase et le ravissement.

Du brillant sort de Malte il est instruit par elle.

Son espoir s'en accroît : une force nouvelle

Ajoute à son courage, et lui fait desirer

Des périls où son cœur brûle de s'illustrer.

Aussitôt, déployant une aile étincelante,

La Déesse au héros s'offre encor plus brillante,

Hausse la voix, lui dit : « Seigneur ! dans vos travaux,

» Comptez sur des secours au-dessus de vos maux.

» Le ciel, pour vous aider en ce péril extrême,

» D'un foudroyant secret vous armera lui-même.

» C'est lui qui, par mes soins, daigne vous prévenir

» Des assauts que vos murs auront à soutenir.

» Mais sachez profiter de l'avis qu'il vous donne.

» En vain de toutes parts la mort vous environne.

» Que prompts, que résignés à braver les hasards,

» D'intrépides guerriers veillent sur les remparts.

» Voyez, voyez déjà, bouillant d'impatience,
» Votre fier ennemi courir à la vengeance. »
En achevant ces mots, plus vîte que l'éclair,
Elle part et franchit les vastes champs de l'air :
Elle revole aux lieux, où, sans tache autour d'elle
Brille de ses rayons la lumière éternelle.

FIN DU CHANT DIXIÈME.

LA MALTÉIDE.

CHANT ONZIÈME.

SOMMAIRE.

Dispositions de Soliman pour l'assaut qu'il va livrer lui-même. — Il donne la liberté aux Chevaliers qu'il a faits prisonniers sur les mers. — Discours qu'il leur tient sur sa vengeance. — Périls des assiégés, et leur résignation à tout ce que le sort leur prépare. — Leurs efforts et ceux des assiégeans. — Le sultan est lui-même forcé de faire sa retraite. — Dépit qu'il en ressent. — Avis merveilleux qui lui est donné : il ôte tout secours aux assiégés. — Nouvel assaut qu'il leur livre. — Perte des Chevaliers : ils se défendent jusqu'à la nuit. — Leur situation. — Tous ceux qui sont dans le fort Saint-Elme font un généreux sacrifice de leur vie.

CHANT ONZIÈME.

———

La nuit levait son crêpe : à peine un faible jour
De la vermeille aurore annonçait le retour.
Soliman, réveillé par sa douleur constante,
En vain cherche à calmer le soin qui le tourmente.
Il se lève; et pour soi dédaignant tout repos,
Il reporte ses pas au sein de ses vaisseaux.
Là, suivi de sa garde, il s'approche d'Elvire;
Et de son cœur pour elle exhalant le martyre :
« Ombre chère, dit il, en cet affreux séjour,
» Viens recevoir le prix du plus constant amour,
» Elvire ! à mes fureurs connais sa violence ;
» Jouis enfin, jouis d'une juste vengeance. »
Il veut qu'à l'instant même on tire de leurs fers
Les prisonniers chrétiens, enlevés sur les mers ;
Que dégagés du poids d'une inutile chaîne,
Devant Elvire et lui sa garde les amène :
On obéit. Bientôt, fiers et respectueux,
Ses illustres captifs s'offrent devant ses yeux :

» Prisonniers, leur dit-il, d'une voix menaçante,

» Voyez d'un criminel la victime innocente.

» De ce monstre en secret complices odieux,

» Allez dire aux Chrétiens que, maître de ces lieux,

» Soliman, jusqu'ici vainqueur en cent batailles,

» Ira dans ce jour même assiéger leurs murailles,

» Sur les chefs, les soldats assouvir son courroux,

» Sous leurs remparts fumans les ensevelir tous :

» Dites-leur que ce fer, avide de carnage,

» Dans leurs flancs déchirés vengera mon outrage.

» Mais, poursuit-il, allez, cruels Chrétiens, allez

» Dire qu'à son amante ils seront immolés;

» Qu'à ses mânes plaintifs mon bras les sacrifie;

» Que devant Soliman rien ne les justifie.

» Captifs, tel est mon ordre; partez, courez près d'eux

» Attendre ma vengeance et votre sort affreux.

» Combattez, je l'exige, et qu'alors tant d'audace

» De mes ressentimens n'espère aucune grâce.

Il dit : ces Chevaliers, par leurs gardes conduits,

Dans les murs des Chrétiens sont dès-lors introduits.

C'était l'heure où du jour l'aimable avant-courrière

Précède le lever du dieu de la lumière :

Et déjà lui cédant le domaine des cieux,

Elle avait fui l'éclat de son front radieux.

Un ciel pur souriait à ces tristes rivages.
Mais quel prélude encor des plus sanglans ravages !
A peine le jour luit, que des cris de fureur
Vont du camp dans les murs promener la terreur ;
Que l'écho, réveillé par d'effrayans tonnerres,
Annonce des mortels les tourmentes guerrières.

  Dans leurs récits touchans sont alors entendus
Les prisonniers chrétiens par Soliman rendus.
On s'assemble autour d'eux : on s'étonne, on admire
Des vertus du sultan le magnanime empire.
Un si glorieux trait de générosité
Passe de bouche en bouche, est partout répété.
Faut-il, dit et redit la voix qui le publie,
Qu'à tant d'acharnement tant de grandeur s'allie !
Au trépas toutefois chacun s'est résigné :
On oppose au malheur un courage obstiné.
Chaque assiégé respire une ardeur intrépide ;
Et la valeur commande au cœur le plus timide.
Dans un saint dévoûment, Chevaliers et soldats
Brûlent tous de courir à de nouveaux combats ;
D'y mériter encor l'honneur de la victoire,
Ou d'y trouver leur perte en y cherchant la gloire.
  Mais quel bruit, précurseur des cruels jeux de Mars,
S'élève et retentit aux pieds de leurs remparts ?

C'est des fiers Musulmans la trompette guerrière
Qui des rudes assauts vient rouvrir la carrière.
L'aigre accent de l'airain qui frémit dans les airs ;
Les tambours, les clairons, cent instrumens divers,
Du soldat dans sa marche enflammant le courage,
Portent leurs sons confus au-delà du rivage.
Bientôt d'horribles cris, un tumulte effrayant
Se mêlent au fracas du bronze foudroyant ;
Et déjà du sultan la milice fidelle
Vole avec lui partout où la gloire l'appelle.
Des autres bataillons, pleins de la même ardeur,
Elle anime l'audace, elle accroît la fureur.
Sous leurs pieds les soldats font retentir la terre.
Ils s'avancent pressés, tels qu'un bruyant tonnerre,
Qui poussé par les vents, cruels enfans du Nord,
Court porter aux humains le ravage et la mort.
  Ces épais bataillons, ces hordes menaçantes
Montraient une forêt d'armes étincelantes,
De glaives, de croissans, dont le mâle appareil
Hardiment défiait les rayons du soleil.
Tant de feux, réfléchis par toute cette armée,
Faisaient de la campagne une plaine enflammée.
D'un côté paraissaient, sous un aspect hideux,
D'implacables soldats, Croates belliqueux,

Dont l'abord menaçant, dont la vue effrayante
Sème dans les combats la crainte et l'épouvante.
Leur bras était armé d'un redoutable dard.
Ils avaient pour turban la peau d'un léopard,
Dont la forme, étalant cent taches variées,
Portait celle d'un aigle aux ailes déployées.
Une barbe touffue ombrageait leur menton.
Sur leurs reins descendait une peau de lion,
Et du long poil d'un ours leurs jambes revêtues,
Sur un large étrier demeuraient suspendues.
Ces barbares semblaient, en une telle horreur,
Des monstres des déserts partager la fureur.
    A côté s'avançaient, armés de leurs tonnerres,
Ces superbes soldats, ces vaillans janissaires,
Bataillons redoutés, qui, serrés et nombreux,
Prolongeaient de leurs rangs le spectacle pompeux.
La soie, avec l'acier de leurs armes brillantes,
Mêlait diversement ses couleurs éclatantes.
L'or joint aux diamans brillait de toutes parts.
A leur gauche, venaient d'impétueux hussards,
Escadrons indomptés, prompts, dans une sortie,
A réprimer l'essor de la foule investie.
Sur eux d'un léopard l'énorme peau flottait.
Celle d'un cruel tigre, où l'argent éclatait,

Couvrait leurs fiers coursiers, dont l'extrême vitesse
De leurs jarrets nerveux déployait la souplesse.
Un farouche desir excitait ces soldats,
Ardens et dévorés de la soif des combats.

Mais quel est ce cortége où la richesse étale
Tout ce qu'a de plus grand la pompe orientale?
C'est celui d'un héros, valeureux potentat,
Qu'environne des siens le formidable éclat.
Il paraît : que de faste! une superbe suite
En foule autour de lui par le zèle est conduite.
Des guerriers distingués parmi ses Musulmans,
Compagnons de sa gloire, illustres Ottomans,
Dans un luxe avoué de leur mâle courage,
Donnaient de leur haut rang un brillant témoignage.
Tant de faste sur eux offrait à l'œil surpris
Et la pompe de l'or et l'éclat des rubis.
Mais combien l'emportait sur leur magnificence
Celle qui du monarque annonçait la présence!
De ses armes sortaient et jaillissaient des feux,
Qui, comme autant d'éclairs, éblouissaient les yeux.
Tout son corps n'était plus qu'un foyer d'étincelles,
De riches diamans lumières immortelles.

Devant lui cependant de glorieux drapeaux
Déjà s'étaient ouverts le chemin des assauts.

Alors se déployaient ces enseignes brillantes,
Aux yeux de Soliman tant de fois triomphantes :
Elles guidaient l'armée, appelaient ses regards,
Et, superbes, semblaient commander les hasards.
Mais, au gré des esprits, brûlans d'impatience,
Par cent foudres d'airain l'attaque enfin commence.
La terre s'en agite, et l'air brisé frémit.
Par des globes en feu, que le bronze vomit,
Les murailles du fort sans relâche frappées,
De terribles volcans semblaient enveloppées.
La foudre au loin volait, et, dans un long fracas,
Atteignait, renversait et remparts et soldats.
A tant d'efforts contre eux se joignaient les galères.
Jusque sur les vaisseaux d'effroyables tonnerres,
Dans leur cruel effet, avec art dirigés,
Battaient et ruinaient le fort des assiégés.
De leurs murs assaillis la résistance est vaine.
Le roc, le ciment cède au boulet qui l'entraîne ;
Et de ces fiers remparts le sommet ébranlé,
Sous l'airain foudroyant enfin s'est écroulé :
Ils n'offrent bientôt plus que quelques faibles restes,
Que d'énormes débris, que des brèches funestes,
Où le fossé comblé permet aux assaillans
De gravir, de monter, de carnage bouillans.

7

Contre eux chaque assiégé combat avec furie.

Le courroux s'en accroît dans leur ame aguerrie ;

Et saisis, animés d'un farouche transport,

Sous les yeux du monarque ils affrontent la mort.

Au milieu des périls qu'avec eux il partage,

Il soutient, il excite, enflamme leur courage.

Tous sont à ses côtés ardens impétueux ;

Tous bravent le trépas qui s'offre devant eux,

Pleins du noble desir d'acheter la victoire

Au prix de tout leur sang, prodigué pour sa gloire.

Mais devant eux, lui-même atteste sa valeur :

Il s'avance escorté, suivi de la terreur,

A travers mille feux dirigeant son armée,

Et franchissant des flots de sang et de fumée.

   Cependant les Chrétiens, pressés de toutes parts,

Non moins déterminés défendent leurs remparts ;

Ils y font de leurs corps un mur impénétrable.

Alors, ô dévoûment ! ô courage incroyable !

Sans abri désormais, ces généreux guerriers

Sur les débris du fort se montrent tout entiers ;

Ils arrêtent des Turcs la foule intimidée.

Par eux d'un triple rang chaque brèche est bordée.

Chefs, Chevaliers, soldats, tous indistinctement

Prouvent la même ardeur, le même acharnement.

Si l'assiégeant contre eux au combat se présente,
Aussitôt l'assiégé, dont la valeur s'augmente,
L'attaque, le poursuit, frappe, à coups redoublés,
Les Musulmans bientôt par le fer accablés.

Mais le sultan paraît; et déjà sa présence
De leur premier transport leur rend la violence.
Tous cherchent le péril, courent, pleins de fureur,
Porter aux Chevaliers le massacre et l'horreur.
L'assaut devient terrible : une nouvelle rage
Emporte les soldats, prolonge le carnage :
Et, Chrétiens, Ottomans, dans un tumulte affreux,
Ne combattent qu'au sein d'un nuage poudreux.
Là, sous l'effort des coups dont elles sont frappées,
Dans leurs avides mains se brisent leurs épées.
Le désespoir accroît leur féroce desir.
Furieux, on les voit corps à corps se saisir;
Montrer dans ce combat une farouche ivresse,
Et d'un bras, que dirige ou la force ou l'adresse,
Déployer un poignard, dont le fatal acier
Rend encor plus cruel cet assaut meurtrier.

C'est la vigueur enfin qui de leur sort décide.
Armés de leur courage et d'un fer homicide,
Les assiégés se font d'effroyables abris
Des cadavres sanglans qui couvrent leurs débris.

Dans ce pressant péril leur valeur se surpasse :
Excités, n'écoutant qu'une intrépide audace,
Ils font céder partout l'effort des Musulmans,
Et commandent la fuite à des flots d'Ottomans.
De nouveaux bataillons, pour les rompre, s'avancent.
Mais les Chrétiens contre eux sur la brèche s'élancent,
Les chargent à grands coups et repoussent leurs pas.
Ils sont, dans cet assaut, au milieu du fracas,
Tels que ces tourbillons qui, du sein des nuages,
Sur de vastes forêts déchaînent leurs ravages.
Sous l'indomptable essor de leur souffle orageux,
Tombent déracinés des chênes monstrueux.

De même succombaient sous leurs fiers adversaires
D'impétueux soldats, farouches janissaires,
Dont l'Éternel lui-même, en ces momens d'horreur,
Surmontait et l'audace et la guerrière ardeur.
Pour trouver leur salut, ils tentent la retraite.
Soliman qui l'ordonne, outré de leur défaite,
Frémit, et leur promet de les venger du sort,
Qui vainement s'obstine à défendre le fort.
Plein du nouvel assaut qu'alors même il médite,
Ce sultan porte ailleurs le couroux qui l'agite :
Il dirige ses pas vers le mont Salvador.
Là, guidé par l'espoir qui lui sourit encor,

Il arrive, s'arrête, et gardant le silence,

Il cherche en son esprit des moyens de vengeance.

Sur ses guerriers tués il fixe ses regards;

Et bientôt les tournant du côté des remparts,

Il s'indigne qu'un fort, pour lui sujet d'alarmes,

Ose aussi constamment résister à ses armes.

　Mais, tandis que plongé dans un rêve profond,

Il forme cent projets pour venger son affront,

Tout-à-coup sous ses pieds il sent trembler la terre.

Un bruit sourd et pareil à celui du tonnerre,

Jusque vers lui descend de la cime des monts;

Et l'écho du rivage en prolonge les sons.

La foudre, en un ciel pur, roule, dans les airs tonne,

Eclate; et Soliman qu'un tel miracle étonne,

Est lui-même agité d'un secret sentiment

Qui le tient dans l'extase et le saisisement.

Attentif, il écoute : aussitôt, ô merveille!

Une éclatante voix vient frapper son oreille.

Elle sortait du fond d'un antre souterrain,

Que le mont Calcara renferme dans son sein.

De ses flancs ténébreux, elle dit au monarque :

« Héros, que tant de fois a respecté la parque,

» Qui, brillant de l'éclat des plus nobles travaux,

» Viens chercher en ces lieux des triomphes nouveaux,

» Songe à les assurer, par une prévoyance

« Prompte à dompter ce fort qui brave ta puissance :

» Au pied de ses remparts, interromps les secours

» Que du chef des Chrétiens il reçoit tous les jours;

» Et que, vers la tranchée, un important ouvrage

» S'élève, et dans l'instant leur ferme tout passage.

» Va, cours, espère tout du sort qui les trahit. »

    A cet ordre imposant le monarque obéit :

Il ne pense qu'à vaincre instruit par ce prodige;

Et l'étonnant travail que lui-même il dirige,

Autour du fort conduit, poussé jusqu'à la mer,

De tous côtés bientôt parvient à l'enfermer.

Alors plus de secours. Une force puissante

Ecarte de ces lieux tout ce qui s'y présente;

Et le Chrétien, réduit à sa seule valeur,

Attend que le trépas termine son malheur.

    Déjà sur les remparts, autour de leurs murailles,

S'annonce aux assiégés le retour des batailles.

L'air d'un fracas guerrier retentit de nouveau.

Que d'Ottomans encor courent à leur tombeau!

Chacun des officiers, plein d'une ardeur égale,

Fond avec le soldat vers la brèche fatale;

Et tous par la vengeance au carnage exités,

Portent sur les débris leurs pas précipités.

L'espoir, la soif du sang emporte leur courage.
De la mort dans leurs coups s'offre l'affreuse image.
L'exemple des bachas, celui de Soliman
Semble faire un héros de chaque Musulman.
Vers le sommet des murs on gravit, on s'élance.
En ce lieu quelle attaque et quelle résistance !
Un furieux dépit transporte les Chrétiens :
Ils ont tous dans leurs chefs d'invincibles soutiens,
Dont la rare valeur affrontant la tempête,
Dirige, accroît leur zèle, et combat à leur tête.
Mais contre eux du sultan que n'osent les soldats !
Ils cherchent la victoire où seul est le trépas.
   Jaloux de remporter un brillant avantage,
Mustapha, dont l'ardeur triomphe de son âge,
Quoique pourtant chargé du lourd fardeau des ans,
Le dispute en vigueur aux plus forts combattans.
Tel un coursier, vieilli dans le champ des alarmes,
Affronte les périls, court au-devant armes ;
Et, fier de reparaître au sein des escadrons,
Veut surpasser encor ses jeunes compagnons.
   Piali qui combat à côté de son maître,
En héros à ses yeux s'efforce de paraître.
Hascen, plein de son deuil, et non moins généreux,
En frappant les Chrétiens, venge Dragut sur eux.

Tel est un tigre altier, dont une arme cruelle
A tué dans un bois le compagnon fidèle :
Rugissant de sa perte, il fond sur le chasseur,
Et l'abat et l'immole à sa juste fureur.
Tel à Dragut Hascen, au plus fort du carnage,
Donnait de son amour un sanglant témoignage.

Mais combien le sultan brillait dans ces combats !
Il ne le cédait point en audace aux soldats.
Sur le roc, dans l'éclat d'une pompe suprême,
A travers la mêlée il pénètre lui-même.
Les assiégés par lui deux fois sont enfoncés,
Et plusieurs à ses pieds dans leur sang renversés.
Que de braves soldats par ses armes périrent !
Des chefs mêmes atteints au tombeau les suivirent.
Irrité de leur mort, l'impétueux Médran
S'élance, fend la foule, et fond sur Soliman.
C'est l'illustre ennemi que choisit son audace.
O pour lui, pour les siens déplorable disgrâce !
Levant le bras, à peine est-il prêt à frapper,
Qu'un bataillon rapide accourt l'envelopper :
Il se défend en vain. Sur lui cent janissaires
Font pleuvoir le trépas de leurs mains sanguinaires.
Au bruit qui s'en répand, on vole à son secours ;
Mais qui de ce héros pourrait sauver les jours ?

Sous le fer il succombe, en témoignant encore
Jusqu'à son dernier souffle un courroux qui l'honore.
Tels furent de sa fin l'éclat et la rigueur.
Delamotte, Vagnon, chevaliers pleins d'honneur,
Par une résistance et vive et meurtrière,
Ont glorieusement terminé leur carrière.
Pour venger leur trépas, de leur sort envieux,
Demorgut se dévoue, et rend l'ame auprès d'eux.
    Cependant Soliman, de sa conquête avide,
Fait tomber les Chrétiens sous son glaive homicide.
Ce jour même, en vainqueur, il s'emparait du fort,
Si Chevaliers, soldats, par un dernier effort,
N'eussent jusqu'à la nuit, à leurs vœux favorable,
Tenté de prolonger leur perte inévitable.
L'ombre enfin qui s'accrut, força les assaillans
D'interrompre l'attaque et leurs exploits sanglans.
Les Chrétiens délivrés bénissent leur retraite.
Si par là retardant une entière défaite,
Ils doivent au courage un instant de repos,
Qu'il leur en a coûté de sang et de travaux !
De toutes parts déjà la grandeur de leur perte,
Sous un hideux aspect, à leurs yeux s'est offerte.
Quel effrayant tableau ! quels douloureux momens !
La nuit se passe en deuil, en longs gémissemens,

Parmi les cris plaintifs, les angoisses cruelles
Des malheureux atteints de blessures mortelles.
Mais, ô combien leurs chefs se dévouaient pour eux !
Avec quel zèle ardent, et quel soin généreux,
Pour adoucir leurs maux, amis et tendres frères,
Ils leur portaient à tous des secours salutaires !
De Négrepont, Dumas, Lamirande, Dunon,
Par des faits si touchans ont illustré leur nom.
Chefs, soldats, sans nul choix, sans nulle préférence,
Recevaient de leurs mains l'honorable assistance.
  Pour eux aucun relâche : on les voyait alors
Secourir les vivans, faire inhumer les morts ;
Ordonner, surveiller ces tristes funérailles,
Et de divers remparts relever les murailles.
Ils ajoutaient au fort des obstacles nouveaux ;
Ils se préparaient tous au retour des assauts.
Ecartant le sommeil qui pressait leur paupière,
Ils attendaient du jour la funeste lumière.
Elle parut bientôt, non sous l'aspect riant
Où se montre aux humains le vermeil Orient,
Lorsqu'avec les Zéphyrs, la matinale aurore
Vient rendre son éclat à l'empire de Flore.
Un crêpe noir régnait sur le vaste horizon :
Il voilait aux humains l'épouse de Titon,

Signe de la douleur, sombre et trop sûr présage

Des plus cruels assauts, du plus affreux carnage.

Enfin les assiégés, sans espoir de secours,

En chrétiens, en héros, vont terminer leurs jours.

Dans leur sang épuisé par tant de résistance,

Ils offrent tous au ciel un reste d'existence.

O gage d'amitié ! rare et beau dévoûment !

Ces guerriers, arrivés à leur dernier moment,

Se font un tendre adieu, courent brûlans de zèle,

Où le sort les attend, où la foi les appelle.

C'est dans ce lit d'honneur qu'illustrant leur destin,

Ils veulent tous mourir, les armes à la main.

Ceux, qu'au sein des remparts retiennent leurs blessures,

Couverts, chargés encor du poids de leurs armures,

Maîtrisant la douleur, fiers de lui résister,

Jusqu'au bord de la brèche alors se font porter :

Ils s'y tiennent assis. Là ces cœurs intrépides,

De périls, de combats, de gloire encore avides,

S'arment d'un fer tranchant, attendent les bachas,

Et l'honneur de trouver un généreux trépas.

A peine un faible jour éclaire ces rivages,

Que l'on voit s'avancer, se grossir des nuages,

Qui, poussés vers le fort et dans la plaine épars,

Viennent par tourbillons fondre sur les remparts.

Prompt à gagner leur faîte, un torrent de poussière
Cache des assiégeans la foule meurtrière :
Ses flots d'un voile épais obscurcissent les airs.
Telles portant au loin la foudre et les éclairs,
Des vapeurs où se forme, et d'où crève l'orage,
Sur des rochers altiers précipitent leur rage.
Le sommet escarpé de ces rocs sourcilleux
Se couvre tout-à-coup et de soufre et de feux.
Un tonnerre effrayant gronde autour de leurs têtes,
Et leur cime devient le séjour des tempêtes.

    De même autour des murs régnaient dans le fracas,
Le tumulte, l'horreur, la nuit et le trépas.
Sur la brèche, au milieu d'une épaisse fumée,
Gravit de Soliman la redoutable armée.
Déjà même le fort tombait en son pouvoir.
Mais les Chrétiens se font de la mort un devoir :
Tous, jaloux de périr, s'arment d'une constance
Que soutiennent long-tems l'audace et la vaillance,
Les uns précipitant des poutres, des débris,
Ecrasent sous leur poids les Musulmans surpris :
Ils sèment dans leurs rangs le trouble et l'épouvante.
D'autres, en déployant une force étonnante,
Par mille et mille efforts, repoussent le torrent
Qu'à chaque instant la foule et ramène et leur rend.

Partout croît le péril, et partout on le brave.
C'est ainsi, quand l'orage émeut l'onde batave,
Que des remparts, vainqueurs de la fureur des eaux,
Défendent la Hollande et ses riches travaux.
    Mais dans leur dévoûment, quelle vertu guerrière
Termine des Chrétiens l'héroïque carrière !
Ceux, dont quelque blessure a captivé les pas,
Méprisant à la fois et donnant le trépas,
Au plus fort de l'assaut, sur la brèche fumante,
Font jouer les ressorts d'une arme foudroyante.
Sous le plomb destructeur que le mousquet vomit,
L'Ottoman tombe, et l'air d'un long fracas gémit.
La mort vole partout et moissonne la vie.
La rage toutefois ne peut être assouvie.
Le desir de venger leurs compagnons mourans
D'assiégeans vers les murs ramène des torrens.
Nul effort, nul rempart alors ne les arrête.
Sur eux des assiégés fond en vain la tempête.
Leur audace redouble : et Chevalier, soldat
Jusqu'à son dernier souffle et s'obstine et combat.
Cependant Lamirande, au sein d'un tel carnage,
Du reste des Chrétiens relève le courage :
Il leur donne l'exemple, en courant le premier
Affronter des vainqueurs le glaive meurtrier.

Bientôt ses compagnons le devancent lui-même ;
Et réunis, aidés du bras d'un Dieu suprème,
Ils forcent l'ennemi sur les murs avancé,
Et le poussent de là jusque dans le fossé.
C'est en vain : du rempart on regagne le faîte.
L'assiégeant y revole : on résiste, on l'arrête ;
Et Sola, ses amis, indomptés Navarrois,
Trois fois sont attaqués et triomphans trois fois.
    Un tel succès paraît un éclatant miracle.
Mais outré, furieux d'un si puissant obstacle,
Soliman, dont la voix échauffe ses soldats,
Les ramène lui-même à de nouveaux combats.
Sur le courage enfin le grand nombre l'emporte ;
Et de l'ardent sultan la fatale cohorte,
Janissaires, Spahis, Maures, Algériens,
Écrasent sous leurs coups les valeureux Chrétiens.
Pour eux plus de salut. L'heure fatale arrive
Où tous vont habiter la ténébreuse rive :
Ils se sont résignés et combattent toujours.
Pour conserver leurs murs, ils prodiguent leurs jours ;
Ils vendent chèrement les restes d'une vie
Par tant de grandeur d'âme et d'exploits embellie.
Accablés, tous alors font un sublime effort.
Chacun d'eux à l'envi se présente à la mort.

On soutient, on affronte, à son heure dernière,
Et du fer et du feu l'atteinte meurtrière.
Mais trop vain dévoûment ! De Négrepont, Dumas,
Lamirande, Sola, frères d'armes, soldats,
Chevaliers, tous mourans sur des débris funestes,
Couvrent les murs du fort de leurs glorieux restes.

FIN DU CHANT ONZIÈME.

LA MALTÉIDE.

CHANT DOUZIÈME.

SOMMAIRE.

Soliman entre triomphant dans le fort Saint-Elme. — Vengeance qu'il exerce. — Consternation des assiégés. — La Charité descend du ciel, et fait donner la sépulture aux Chrétiens expirés. — Tableau de leurs obsèques. — Apparition du Dieu ou Génie qui préside aux travaux de la physique et de la chimie. — Armes cruelles qu'il met entre les mains du grand-maître pour sa défense. — Le sultan livre un assaut général. — Disposition de son armée. — Piali, son amiral, allait par un moyen extraordinaire, se rendre maître d'un des forts assiégés. Elise, Osmand son frère et Lascaris, dont il est parlé au IVe Chant, forment le projet d'en informer les Chevaliers. — Protection éclatante que le ciel leur accorde. — Ils pénètrent dans le fort menacé, et préviennent le grand-maître du dessein de l'amiral turc. — Combat à la nage, livré par des soldats et matelots Chrétiens. — Défaite des Musulmans sur les flots.

CHANT DOUZIÈME.

L'air au loin retentit. Les cris des Musulmans,
Les sons de la trompette et de mille instrumens
Vont parmi les Chrétiens, plongés dans la tristesse,
Annoncer des vainqueurs l'importune allégresse.
Au bruit de ces transports, au son majestueux
De cent foudres guerriers, tonnant de divers lieux,
Soliman, que nul bras, nul obstacle n'arrête,
Vient dans le fort réduit jouir de sa conquête.
Vainqueur de ces remparts, théâtre du trépas,
Il entre, et la terreur y précède ses pas.
Il y paraît semblable au maître du tonnerre,
Quand du haut de la nue il menace la terre.
Toutefois, triomphant, il demeure surpris
Qu'un si sanglant exploit soit d'un si faible prix.
Son ame est de dépit secrètement atteinte :
Il s'étonne qu'un fort, dans son étroite enceinte,
Ait, au mépris des siens, résisté si long-tems
A tant d'assauts livrés par tant de combattans.

Maître de ses débris, tantôt si formidables,
Il admire en héros ses efforts incroyables.
Sur ses fiers défenseurs il fixe ses regards :
Il ne voit que guerriers, couchés sur les remparts.
Malgré lui pénétré, touché de leur carnage,
Il plaint leur généreux et funeste courage,
Mais en lui quel contraste ! un si beau sentiment
Au même instant fait place à son ressentiment.
La haine dans son cœur plus vive se réveille.
Tel un lion, piqué par le trait d'une abeille,
Sort tout-à-coup du calme où, parmi les forêts,
Le tenaient assoupi ses desirs satisfaits :
Il rugit, bat ses flancs, agite sa crinière,
Et brûle d'assouvir sa rage meurtrière.

Ainsi le fier sultan éprouve tour à tour
Le dépit, la fureur, la vengeance et l'amour.
Impérieux tyran qui subjugue son ame,
Son courroux ne voit plus qu'Elvire, que sa flamme.
Un cruel souvenir égare son esprit.
Tout plein de son malheur, lui-même il s'applaudit
Des maux qu'il a causés, des meurtres, des ravages
Qui, depuis tant de jours, désolent ces rivages :
Il veut que tous ces forts, sous son pouvoir réduits,
Soient par un fer vengeur et frappés et détruits ;

Que l'on rase les murs; que l'île entière expie
L'odieux attentat d'un traître à sa patrie.
   C'est alors qu'insultant à des guerriers défaits :
« Jouis, dit-il, jouis de mes vœux satisfaits,
» Elvire!... et vois enfin ces corsaires profanes
» Par moi, par mon amour, immolés à tes mânes :
» Assouvis avec moi tes long ressentimens;
» Vengeons-nous des auteurs de nos affreux tourmens,
» Et que, devant nos yeux, leurs corps sans sépulture
» De l'avide vautour deviennent la pâture. »
A ces mots, on s'empresse, on comble les fossés.
Des malheureux Chrétiens les corps sont dispersés.
Hors des murs, dans les champs, traînés avec outrage,
De leur rigoureux sort ils présentent l'image.
Le furieux sultan veut qu'il n'aient pour tombeaux
Que l'estomac impur des chiens et des corbeaux.
Ainsi cruellement par lui déshonorée,
Gît de tant de héros la dépouille sacrée.
   Tandis que Soliman, poussé d'un tel transport,
Epuise ses rigueurs dans l'enceinte du fort ;
Qu'il ruine ses murs, qu'il détruit ses ouvrages,
La consternation, planant sur ces rivages,
Y porte avec le deuil de funestes récits,
Et court des Chevaliers effrayer les esprits.

Dans le bourg, dans les forts, dans la cité notable,

Elle dit du sultan la vengeance implacable :

Elle y sème le trouble, et jette la terreur

Dans tous les cœurs glacés d'une secrète horreur.

    Des soldats éperdus, des Chevaliers en larmes,

La Valette en secret partage les alarmes.

Mais ce chef devant eux sait les dissimuler.

Les chagrins, son malheur, rien ne peut l'ébranler :

Aux revers qu'il éprouve opposant son courage,

Il montre un front serein au milieu de l'orage.

Son exemple soutient, ranime ses guerriers,

Et transmet sa grande ame au cœur des Chevaliers.

Brillant d'un saint espoir, devant eux il s'écrie :

« Oui, succomber ainsi, mourir pour sa patrie,

» Amis, c'est triompher plutôt qu'être vaincu ;

» C'est pour la gloire enfin avoir assez vécu.

» Du plus beau dévoûment généreuses victimes,

» Plusieurs de nous sont morts en guerriers magnanimes ;

» Ils n'ont cédé qu'au nombre. Eh ! combien leur valeur

» N'a-t-elle point coûté de sang à leur vainqueur !

» Que de travaux encor sur ces remparts l'attendent !

» Songez qu'avec le ciel des héros les défendent.

» Quel que soit son espoir, en ce jour malheureux,

» Que pourra Soliman, si Dieu combat pour eux ?

» Ne nous effrayons point d'une menace vaine !
» Encor quelques combats, et sa perte est certaine.
» Voyez de ses guerriers les flots diminués,
» Ses bataillons mourans, ses Musulmans tués.
» Déjà, tristes fléaux, la faim, la maladie,
» Sont prêtes à poursuivre une foule enhardie,
» Qui, cherchant la victoire en de nouveaux hasards,
» Viendra creuser sa tombe au pied de nos remparts. »
    Ce discours qu'il prononce avec la noble audace
D'un cœur inébranlable au fort de sa disgrace;
Le feu vif et sacré qui brille dans ses yeux;
Sa constance, et sur-tout l'exemple impérieux
D'un courage cent fois vainqueur de l'infortune,
Ecartent des esprits une crainte importune.
Ils recouvrent soudain cette intrépidité,
Dont la vertu s'accroît avec l'adversité.
Dieu met en eux sa force invincible et suprême.
Aucun des Chevaliers, aucun des soldats même,
Qui, de leurs frères morts enviant le trépas,
Ne brûle de voler aux plus rudes combats.
Le sort de ces guerriers d'audace les enflamme.
Un secret désespoir s'empare de leur ame.
Tous, en les imitant, jurent de les venger;
Et tous, pour le braver, invoquent le danger.

Déjà, le front paré de l'éclat des étoiles,
La nuit sombre venait de déployer ses voiles :
Ils couvraient à la fois les villes, les hameaux.
L'ombre régnait au loin sur la terre et les eaux.
C'était l'heure où partout la Nature en silence
D'un sommeil salutaire éprouve la puissance.
Tout reposait au sein d'un calme assoupissant,
Les Chrétiens dans leurs murs et les Turcs dans leur camp.
Alors parut du ciel la fille bienfaisante,
La Charité, déesse humble et compatissante,
Qui seule des mortels pleurant l'adversité,
Se plaît à secourir la frêle humanité.
Elle écoute : nul bruit ne frappe son oreille.
Elle entre sous des rocs, de sa main touche, éveille
De simples villageois, Maltais laborieux,
Qui, pour fuir les combats, habitaient en ces lieux.
  Chacun, voyant briller l'éclat qui l'environne,
Pense que c'est un songe, et vivement s'étonne.
Mais sa touchante voix, son œil, son front serein,
Les calme, et sait fixer leur esprit incertain.
Ils sont tous en extase : et l'auguste Déesse
Leur dit, d'un ton mêlé de peine, de tendresse :
« Habitans de ces bords, autrefois plus heureux,
» Que l'humanité plaint votre sort rigoureux !

» Mais, aujourd'hui, combien est plus affreux encore
» Celui de ces héros que la guerre dévore !
» En se sacrifiant, ces illustres guerriers
» Défendent vos enfans, vos femmes, vos foyers :
» Et traînés, avilis sur ces sanglans rivages,
» Leurs corps éprouveront le dernier des outrages !
» Ils serviront de proie aux vautours affamés !
» Dans ces tombeaux impurs ils seront enfermés !
» Amis, n'endurons point une pareille injure.
» Tout est calme, tout dort : que la nuit vous rassure.
» A l'aide de son voile, allons les recueillir ;
» Sauver leurs restes chers, et les ensevelir ».
La Déesse, à ces mots, fait passer dans leur ame
Une secréte ardeur, parcelle de sa flamme.
   Dans la plaine, séjour qu'habite le trépas,
Tous de leur guide saint accompagnent les pas.
La lune secondant leur zèle charitable,
Autour d'eux répandait un rayon secourable :
Elle entr'ouvrait la nue ; et son pâle flambeau
Ajoutait à l'effroi d'un si triste tableau.
Au sein d'un champ, creusé des mains de la Nature,
Ils choisissent d'abord le lieu de sépulture ;
Puis ils ouvrent la terre, ardens, encouragés
Par l'auguste vertu dont ils sont protégés,

Et préparent ces lieux à recevoir la cendre

Des généreux guerriers, tous morts pour les défendre.

De ces infortunés ils y portent les corps.

La Charité dirige et soutient leurs efforts.

Quel spectacle pour eux! un lugubre silence;

Le calme de la mort et partout sa présence;

Ce néant, cette nuit; une secrète horreur,

Tout inspirait le deuil, le trouble et la terreur.

Mais dans leurs saints travaux rien n'arrête leur zèle:

Il prend, loin qu'il faiblisse, une force nouvelle;

Et ces cœurs, animés d'un pieux dévoûment,

Enferment les Chrétiens au sein du monument.

On ne les couvrit point de la pompe du marbre.

Leur unique ornement fut la cime d'un arbre,

Dont le feuillage épais, en s'étendant sur eux,

Devait leur tenir lieu d'emblème somptueux.

A quoi leur servirait un faste périssable?

Le tems de son burin, sur un acier durable,

A gravé les vertus et les travaux guerriers

De ces héros, par lui couronnés de lauriers.

	La nuit allait finir sa paisible carrière.

A l'Orient brillait une faible lumière.

La Valette éveillé cède aux soins dont l'excès

L'agite, et sans espoir l'occupe en son palais:

De bout il fait au ciel une prière ardente.

Tout prêt à soutenir une attaque sanglante,

Il sort avant le jour, et va sur les remparts,

Du destin qui l'attend prévenir les hasards.

A peine enseveli dans un profond silence,

Il roule en son esprit cent projets de défense,

O surprise ! ô prodige ! au milieu des éclairs,

Descend un être ailé, de l'empire des airs.

Son front est rayonnant et sa taille imposante.

Il porte dans ses mains la foudre et l'épouvante.

Il s'adresse au grand-maître et lui parle en ces mots :

« Guerrier, dont le tourment, si digne d'un héros,

» Intéresse le ciel qui dans ces lieux m'envoie,

» Cessez à des chagrins de vous livrer en proie.

» Un Dieu juste et puissant veille à votre secours.

» De vos sanglans revers il a borné le cours.

» Par ses ordres sacrés, je viens dans cette enceinte

» Vous armer des carreaux de sa colère sainte.

» De sa justice enfin je remplis les décrets.

» C'est moi, qui découvrant de merveilleux secrets,

» Ai d'objets précieux enrichi la science,

» Et de trésors cachés enseigné l'existence.

» J'enfante tous les jours des miracles nouveaux.

» Du savant ici-bas conduisant les travaux,

» Je guide sa recherche au centre de la terre,

» Où de tout ce qu'il voit j'explique le mystère.

» Mon savoir, mon génie embrasse l'univers.

» Arbitre des mortels, je leur nuis ou les sers.

» Combien de fois déjà, dans leurs tristes querelles,

» N'ont-ils point eu recours à mes armes cruelles!

» Mais que ne feront pas celles-ci dans vos mains?

» Recevez-les, seigneur, pour changer vos destins.

» La foudre n'eut jamais un effet plus terrible.

» Ce composé fatal, mélange combustible,

» Avec effort lancé dans les rangs ennemis,

» Confondra, détruira leurs bataillons surpris.

» Dans ces cercles de soufre enchaînez leur courage;

» Qu'un bitume brûlant leur porte le carnage!

» Leur défaite est certaine »... Il dépose, à ces mots,

Le funeste présent dans les mains du héros:

Il lui révèle encor, pour qu'il les multiplie,

Des secrets destructeurs, salut de sa patrie;

Et, remontant aux cieux d'éclat environné,

Il laisse dans ses murs La Valette étonné.

Ce prince, dont le ciel relève l'espérance,

Met en ses seuls bienfaits toute son assurance:

Il vole vers les siens, les exhorte, et prescrit

Des travaux que lui-même il surveille et conduit.

On s'empresse, on déploie un zèle infatigable.
Le salpêtre, le soufre, un mélange inflammable
De matière visqueuse et de corps résineux,
Dix fois sont appliqués sur des cercles nombreux,
Dont le bois mince et sec autour de soi recèle
Le désastre, l'effroi, la mort le plus cruelle.

Le jour en ce moment lançait ses premiers traits.
Il voit, à son lever, ces sinistres apprêts,
Et les Chrétiens armés, du haut de leurs murailles,
Défier les périls et le sort des batailles.
De plus d'espoir les cœurs ne brillèrent jamais.
Cependant Soliman, tout fier de ses succès,
Sort de son camp, pareil à la vague bruyante
Qui fond sur un navire au sein de la tourmente.
Il paraît le premier, suivi de combattans,
Distingués et choisis parmi ses Musulmans.
Des feux croissans du jour leur armure éclatante,
Offrait dans ses reflets une pompe étonnante.
Mille éclairs en sortaient, et ce vif appareil
Se rallumait sans cesse aux rayons du soleil.

Mais avant que cet astre, en versant la lumière,
Ait fourni dans les cieux sa course journalière,
A la tête des siens, l'intrépide sultan
Veut d'un nouvel assaut exécuter le plan.

Il commande, et déjà sa redoutable armée
A son ordre suprème en tout s'est conformée.
Ici c'est Mustapha, qu'enflamme sa faveur,
Qui de ses escadrons guidera la valeur.
Plus loin sous Piali combattront ses corsaires.
Lui-même, le premier, avec ses janissaires,
Il veut franchir les murs, et sur ces fiers remparts
Lui-même du Croissant planter les étendards.
Hascen, jaloux aussi d'illustrer sa vaillance,
Témoigne pour l'assaut sa noble impatience.
Par ordre de ces chefs, vingt bataillons d'abord,
Avancés vers la mer, investissent le port;
Et jusqu'au pied d'un mont prolongeant leur phalange,
Ils enferment le bourg et le château Saint-Ange.
Là le salpêtre éclate avec un bruit affreux;
Là, vomissant l'effroi, la mort parmi les feux,
Tonnent contre les murs d'infernales machines,
Non moins que de carnage avides de ruines.
    Tant de foudres frappaient et remparts et guerriers
C'était peu d'exhaler tous ces feux meurtriers.
Piali veut encore y joindre la surprise:
D'une attaque imprévue il conçoit l'entreprise.
C'est à l'aide des flots, que, dans un fort voisin,
Il prétend en silence accomplir son dessein.

L'onde était de ce fort la plus sûre défense :

Et se fiant en elle autant qu'en leur vaillance,

Les Chevaliers ailleurs, peu nombreux, dispersés,

Veillaient à garantir les seuls points menacés.

Piali s'en prévaut. Ni la profonde mer

Où, du haut du rempart, on pouvait l'abîmer ;

Ni d'un mur périlleux la redoutable masse,

Ne sauraient étonner, rebuter son audace.

Il résoud l'escalade, et, sans que rien l'arrête,

Il va tout préparer pour hâter sa conquête.

    Dans ce péril, Osmand s'adresse à Lascaris,

Lui peignant tout l'effroi qui glace ses esprits :

« Malte, dit-il, Seigneur, Malte aujourd'hui succombe.

» Piali des Chrétiens y va creuser la tombe.

» Oui, ces forts céderont à son dessein fatal :

» J'y vois le Musulman, l'Algérien brutal,

» Sur d'illustres guerriers, devenus ses victimes,

» Exercer des horreurs qu'il croira légitimes.

» Au nom du sang chrétien qui vous donna le jour ;

» Au nom de vos vertus, au nom de cet amour

» Qui vous anime encor pour la loi de vos pères,

» Souffrez que nous volions au secours de nos frères.

» Elise et moi, partons, courons au même instant

» Prévenir ces héros du sort qui les attend ».

« Moi ! répond Lascaris, que je vous abandonne !
« Je vous suivrai. Le ciel, mon devoir me l'ordonne :
» Soumis au Christ, j'irai laver mon déshonneur
» Parmi vos Chevaliers, si grands dans leur malheur ».
Sans doute, cette fois, il sentit en lui-même
D'un Dieu qui lui parlait la volonté suprême.

   Mais dans un tel projet, que peut leur dévoûment ?
L'incertitude en eux jette un secret tourment.
Tous trois, d'un pas timide, ils marchent au rivage.
Au même instant du ciel se détache un nuage :
Pour leur prêter son voile, il s'étend autour d'eux,
Et, quoique diaphane, il les soustrait aux yeux.
C'est peu d'un tel secours. Au sein de cette nue,
Un esquif sur les flots apparaît à leur vue.
L'espérance en leur cœur renaît à son aspect.
L'onde jusqu'auprès d'eux le porte avec respect ;
Et, debout sur son bord, un pilote fidèle
Les admet dans l'agile et brillante nacelle.
Ils partent : sur leur guide, ange envoyé des cieux,
Ils fixent leurs regards, tous trois silencieux.
Ils admirent sa grâce et sa taille sublime.
Son front calme fait voir la bonté qui l'anime :
Ses traits sont gracieux, ses yeux étincelants.
Ses blonds et longs cheveux sont agités des vents,

Et le lin virginal de sa robe flottante
Efface la blancheur de la neige éclatante.

Avec sa suite enfin dans le fort introduit,
Lascaris par le peuple au grand maître est conduit:
On l'écoute. Frappé de ce qu'il lui révèle,
La Valette avec calme applaudit à son zèle;
Puis, adorant le ciel qui, pour sauver leurs jours,
Accorde aux Chevaliers un merveilleux secours,
Il rend à l'Éternel des actions de grâce,
Et court parer les coups du bras qui le menace:
Il s'avance conduit par un esprit divin.

Pour tromper l'ennemi, prévenir son dessein,
Il rend du pied des murs l'approche impraticable.
Profitant de la nuit, dont l'ombre favorable
Avait déjà du jour suspendu les travaux,
Il porte sa défense au fond même des eaux.
De pieux fixés dans l'onde il forme une barrière;
Heureuse invention, palissade guerrière,
Dont le prompt assemblage et la solidité
Opposent leur entrave à l'assaut médité.
Un travail si pressant dura jusqu'à l'aurore.
Piali, dans l'espoir qui le séduit encore,
Se lève, et, le cœur plein de son hardi projet,
Vers la rive il accourt, pour en presser l'effet.

Frémissant de l'obstacle, il veut que le courage
Aille à travers les pieux se frayer un passage.
Par son ordre à l'instant, la hache sur le dos,
D'impétueux soldats se jettent dans les flots :
Ils gagnent la barrière, ils se saisissent d'elle,
Et là, d'un bras hardi que dirige le zèle,
Ils font pleuvoir l'acier d'un fatal instrument,
Dont le tranchant aigu sert leur empressement.

Au bruit que tant de coups loin de là font entendre,
L'alarme dans les murs est prompte à se répandre.
On croit le fort surpris par l'ennemi vainqueur.
Tel qu'un ours, qui des monts s'est rendu la terreur,
Aux regards des humains dérobant sa retraite,
Pour asile a choisi quelque roche discrète;
Entend-il du clairon l'accent rauque et bruyant,
Dans son antre couché, tout à coup s'effrayant,
Il se lève... il regarde... il écoute en silence...
Le bruit croît-il, alors songeant à sa défense,
Il sort de sa caverne, et fond sur le chasseur
Qui fuit, pour l'éviter, emporté par la peur :
Tels effrayés d'abord, mais surmontant la crainte,
Accourent les Chrétiens pour sauver leur enceinte.
Le péril enhardit, rend les cœurs plus ardens;
Et matelots, soldats, l'épée entre les dents,

S'élancent dans les flots, se pressent, à la nage,
D'arriver où chacun médite le carnage.
Aux Musulmans atteints ils livrent un combat,
Où de gloire à l'envi se couvre le soldat.
Contre eux on se défend : et cette résistance
Accroît et leur audace et leur impatience.
De l'avide coignée ils bravent le tranchant ;
Et tous, pleins de fureur, aux poutres s'attachant,
Y gravissent bientôt, secondés par leurs armes
Dont l'acier frappe, et sème autour d'eux les alarmes.
Enfin les Ottomans, des pieux précipités,
Sont partout mis en fuite et partout arrêtés.
Leur sang rougit les flots : on en fait un carnage,
Pour l'amiral déçu triste et sanglant présage.

FIN DU CHANT DOUZIÈME.

LA MALTÉIDE.

CHANT TREIZIÈME.

SOMMAIRE.

Les forts restés au pouvoir des Chevaliers sont attaqués de toutes parts. — Effets terribles de l'artillerie des assiégés et des assiégeans. — Intrépidité de Soliman. — Efforts des Bachas et des soldats. — Hascen fait une tentative à laquelle l'amiral Piali veut participer. — Belle défense des Commandeurs Gioux, Medina, Ruiz et Quincy, Chevaliers de Malte. — Hascen a échoué dans son entreprise. — Histoire de l'apostat Candélissa, son lieutenant. — Suite des assauts. — L'Humanité y intervient sous les traits d'une vierge affligée. — Prières qu'elle adresse aux combattans pour les désarmer. — Elle leur montre son sein déchiré par leurs coups. — Spectacle touchant de son corps meurtri et sanglant. — Il est sans effet. — Mahomet, sous la forme d'un visir, l'accable de ses coups.

CHANT TREIZIÈME.

Maintenant qui dira ces travaux éclatans,
Ces assauts, ces exploits de tant de combattans?
Quel pinceau tracera ces scènes de carnage,
Ces spectacles sanglans, triomphe de la rage,
Où, tour à tour l'audace, un cruel dévoûment
Attestent leur furie et leur acharnement?
Quand j'aurais une voix au-dessus du tonnerre;
Pût-elle retentir aux deux bouts de la terre,
Trop faiblement encor, dans ces récits d'horreur,
Je dirais des Chrétiens l'héroïque fureur.
Muse, tant de vertu n'est point en ma puissance,
Et de tes seuls accens j'invoque l'assistance.

Cependant, sans relâche, assiégés, assiégeans
Font à l'envi mugir leurs bronzes foudroyans.
Sur les murs, hors des murs, règne un fracas horrible.
Les coups multipliés, l'irruption terrible
De ces foudres tonnans et des monts et des forts,
Semaient au loin l'effroi sur ces malheureux bords.

Sous l'ardent aiguillon de la mèche allumée,
S'exhalaient dans les airs des torrents de fumée.
L'île, de ses remparts, jusqu'au mont Calcara,
N'était plus qu'un Vésuve, un autre mont Etna;
Et sa longue tempête, organe de la guerre,
Eternisait le bruit d'un effrayant tonnerre.
Pour s'ouvrir un chemin en des périls nouveaux,
Le sultan devant lui fait marcher ses drapeaux :
Il précède avec eux sa formidable armée.
De sa guerrière ardeur la foule est enflammée;
Et par son ordre, Hascen et ses Algériens
Courent, le long du port, attaquer les Chrétiens.
Chaque assiégeant conçoit la plus haute espérance.
On s'obstine, on poursuit avec plus d'assurance,
Tandis que Soliman, dans ces sanglans assauts,
Partout de ses soldats dirige les travaux.

Lui-même sur la brèche il paraît à leur tête,
Y veut, par son exemple, assurer sa conquête :
L'œil en feu, commandant des bataillons altiers,
Il porte la terreur aux plus fiers Chevaliers.
Le bruit de ses exploits court dans toute l'armée :
Aux soldats, à leurs chefs, l'agile Renommée
Dit et redit cent fois les rapides efforts
Du sultan déjà prêt à réduire un des forts.

A ces bruits leur valeur, comme une flamme ardente
Qu'excite encor des vents l'haleine impatiente,
S'accroît et tout d'un coup transporte les esprits,
Du succès de leur prince et flattés et surpris.
Avec le zèle en eux la fureur se ranime.
Chacun, dans un élan qui devient unanime,
A l'assaut acharné, redoublant de vigueur,
S'efforce d'égaler le monarque vainqueur.

Cependant les bachas, avec non moins d'audace,
Sans que nul en courage, en exploits se surpasse,
Ne cessent de chercher, de tenter les moyens
D'arracher la victoire aux armes des Chrétiens.
Hascen dans cet assaut, lassé de leur défense,
Court ailleurs du succès couronner sa vaillance.
C'était au pied d'un roc, vers un golfe prochain,
Que l'appelait l'espoir d'un triomphe certain.
En ce lieu resserré, la mer sombre et profonde
Dans un calme trompeur laissait dormir son onde.
Hascen, de qui ce golfe a séduit les regards,
Se presse de gagner, d'emporter ses remparts :
Il arme des esquifs, cingle vers le rivage,
Y vole, et tout à coup, ô surprise! ô carnage!
De la cime du roc, des bronzes meurtriers
Coulent au sein des flots et barques et guerriers.

Mais, loin qu'il s'en étonne, il brave tout, arrive,
Et, le premier des siens, il saute sur la rive.
Là de tous ses guerriers déployant la valeur,
Il s'efforce de vaincre en dépit du malheur.
Quel déluge de feux sans relâche il essuie !
Sur lui fond de l'airain une homicide pluie :
Il l'affronte, il rallie aussitôt ses soldats,
Et les force à marcher au devant du trépas.

  Entre eux et les Chrétiens un long combat s'engage.
Alors que ne font point le zèle et le courage ?
Un fatal désespoir saisit les Musulmans,
Les retient en ces lieux de salpêtre fumans.
Bravant le feu, le fer, sur le roc ils gravissent ;
Intrépides rivaux dans le sort qu'ils subissent,
Jusqu'au sommet des murs ils brûlent d'arriver,
Et tous, en s'immolant, prétendent l'enlever.
Partout vole la mort ; partout, avec le trouble,
A l'égal du fracas le carnage redouble.
Le fort demeure en proie aux plus cruels hasards ;
Et des ruisseaux de sang coulent de ses remparts.

  Là Piali survient, veut partager la gloire
Du brave Hascen, tout prêt à saisir la victoire ;
Mais, tandis qu'il débarque à la tête des siens,
Animés par leur chef, les fiers Algériens,

Jaloux de ne devoir qu'à lui seul leur conquête,
Des murailles enfin escaladent le faîte.
L'ardeur des assiégés se rallume contre eux.
Guiméran, qui commande à ces cœurs valeureux,
Résiste, mais en vain, à l'altière cohorte,
Dont le nombre bientôt sur les Chrétiens l'emporte.
Les musulmans vainqueurs couvrent ce boulevart,
Et leurs mains du Croissant y plantent l'étendart.
    A ce honteux aspect les Chevaliers frémissent.
Suivis de leurs soldats vingt chefs se réunissent;
Et, sans être effrayés de leur nombre inégal,
Rengagent un combat aux deux partis fatal.
Dans ce terrible assaut, les piques, les épées
Sont d'un sang ennemi cruellement trempées.
L'audace en ce moment les dirige au hasard :
A leur défaut, bientôt on s'arme du poignard.
Plus sanglant il remplace et l'épée et la lance,
Dont le fer qui se brise est alors sans puissance;
Il sert des deux côtés une assassine main,
Et, frappant de plus près, donne un trépas certain.
Le trouble est à son comble : on se mêle, on se presse;
On se saisit, on lutte : et la force ou l'adresse,
Décidant par ses coups du sort des combattans,
Soutient seule en ce choc les Chrétiens haletans.

C'est à qui de son sang se montrera prodigue.
Mais la mort qui les frappe, une extrême fatigue,
L'épuisement déjà prêt à s'emparer d'eux,
Allaient réduire enfin des cœurs si généreux.
Sans espoir, mais au ciel adressant sa prière :
« Dieu ! criait Guiméran, qu'une grâce dernière
» M'accorde le salut de ces vaillans Chrétiens !
» Défenseurs de nos murs, ils sont aussi les tiens.
» Protège leurs efforts ; conserve à tous la vie,
» Et qu'à ce prix, grand Dieu ! la mienne soit ravie,
» Je t'en conjure... » A peine il proférait ces mots,
Tel qu'on voit, quand des airs a cessé le repos,
En butte à l'aquilon et jouet de l'orage,
D'un vieux chêne ébranlé s'agiter le feuillage :
Tel on sentit le roc tout à coup se mouvoir
Et céder à la main d'un souverain pouvoir.
Un long mugissement s'éleva de la terre.
Le ciel y répondit par des coups de tonnerre ;
Et deux fois sur les murs l'éclair darda ses feux.
Ce prodige aux Chrétiens est un présage heureux.
D'un céleste secours leur donnant l'assurance,
Il réveille dans tous leur première espérance.
Le courage redouble et la force renaît.
Dans leurs nouveaux efforts la main de Dieu paraît.

Au même instant Gioux, vaillant chefs des galères,
Vole des lieux voisins à l'aide de ses frères :
Il menait avec lui Ruiz et Médina
Et Quincy, que jamais nul danger n'étonna.
Ces Chevaliers, suivis de soldats intrépides,
Vers le roc et ses murs portent leurs pas rapides.
    Demonté qui les voit leur prête un prompt secours :
Il veut ou triompher ou terminer ses jours.
Emporté par le feu de son ardent courage,
Au sein des Musulmans il fond, s'ouvre un passage.
Il les presse, les force, et saisit l'étendard,
Dont la toile flottait au sommet du rempart.
Ils font tous, lui, les siens, des efforts incroyables.
Gioux, Quincy, non moins hardis et redoutables,
Chargent leurs ennemis avec tant de fureur,
Qu'ils en sont ébranlés, et frappés de terreur :
A ce vigoureux choc vainement ils résistent.
Dans leur premier assaut les Chevaliers persistent ;
Et les Algériens, par les destins trahis,
Sont renversés des murs qu'ils avaient envahis.
Hascen de tels combats supportant la tempête,
Pour attaquer encore, à chaque pas s'arrête :
Il redouble d'audace et d'intrépidité ;
Mais, contraint de céder à la nécessité,

Il laisse à Piali le soin de sa vengeance,
Et court porter ailleurs sa funeste présence.
     Candélissa demeure en ce choc périlleux.
Lieutenant du bacha, qu'il remplace en ces lieux,
Il se flattait encor, fidèle à sa promesse,
De remplir le serment qu'il fit à sa maîtresse.
Grec et chrétien jadis, un jour que son destin
Le pressait d'entreprendre un voyage lointain,
Il fut pris et traîné sur un cruel rivage,
Où tout mortel conduit gémit en esclavage.
Il était dans cet âge, où l'homme à la vigueur
Joint le charme imposant d'un noble extérieur.
Nadzar le vit, l'aima : la plus ardente flamme
Pour lui dès ce moment s'alluma dans son ame.
Son image à jamais fut gravée en son cœur,
Tel, au tems des frimas, le pied du voyageur,
Imprimé dans le sein de la neige nouvelle,
Y laisse de ses pas une trace fidelle.
     Fille d'un amiral, elle sortait d'un sang
Qui soumettait ses feux au devoir de son rang.
Mais cette fois l'amour, prompt à triompher d'elle,
Lui fit porter le poids de sa chaîne cruelle :
Au joug de son esclave il asservit son cœur,
Et de tous ses efforts demeura le vainqueur.

Long-tems elle voulut, fière de sa naissance,
De cet étrange amour surmonter la puissance.
Il fallut obéir, et plier sous la loi
D'un dieu, souverain maître et du pâtre et du roi.

    Lasse enfin des combats d'un cœur qui dissimule,
Nadzar, un jour, cédant au feu dont elle brûle,
Commande à des soldats d'amener son captif.
Il paraît devant elle et confus et craintif.
Elle lui dit : « ô grec! si la gloire t'est chère;
» Si tu veux suivre un jour les traces de mon père,
» Tu peux, en me servant, aspirer aux grandeurs
» Que te vont préparer les plus rares faveurs.
» Je t'aime, je l'avoue; et si ton cœur partage
» Un amour qui pour toi dans ses liens m'engage,
» Je t'accorde ma main, mes trésors, tous mes biens.
» Mais il faut avant tout renoncer aux Chrétiens :
» Abandonne leur secte, et qu'un serment te lie
» Aux lois de ton amante, aux mœurs de sa patrie. »
    Candélissa troublé tombe à ses pieds soudain.
Tant de bonheur l'aveugle; il accepte sa main;
Il s'enivre d'espoir; il promet tout, le traitre!
Et, tyran de l'honneur, l'amour devient son maître.
Enfin il se relève, et, déjà Musulman,
Dans l'instant même il veut jurer, sur l'Alcoran,

Aux Chrétiens qu'il trahit une haine mortelle,
A Mahomet sa foi, son amour et son zèle :
Il se résigne à tout. Mais l'infâme, au moment
Qu'il fallut prononcer le coupable serment,
Entendit, dans le fond de son cœur infidèle,
Un Dieu qui condamnait sa flamme criminelle :
Il s'efforçait en vain d'étouffer ses remords.
Dans son trouble secret; dans les premiers transports
D'une ardeur à la fois impie, illégitime,
Il subissait sa peine, il expiait son crime.
Mais son desir l'emporte : il promet, le cruel !
En jurant à Nadzar un amour éternel,
De lui sacrifier et la loi de ses pères,
Et la foi qu'il avait en nos sacrés mystères :
Il devient des Chrétiens l'implacable ennemi.
A cet affreux serment, dont lui-même a frémi,
Il ajoute : « Je jure, avant que l'hyménée,
» Madame, à vos grandeurs n'ait joint ma destinée,
» D'aller dans Malte, un jour, sur ses rochers fumans,
» Assouvir, de ma main, vos longs ressentimens;
» D'y saisir son grand maître, et, fier de ma conquête,
» D'apporter à vos pieds l'hommage de sa tête.
» En délivrant les mers de son ambition,
» De tout son sang versé scellons notre union. »

Il n'exécuta point ce projet détestable;
Mais dans sa trahison il fut inébranlable.
Rien ne put l'en distraire; et son cruel amour
Lui fit tout affronter en ce funeste jour.
Sur les bords qu'il occupe, il prétend avec gloire
Des mains des assiégés arracher la victoire.
Dans ce hardi dessein, pour forcer les soldats
A vaincre le péril, à braver le trépas;
Pour ne laisser d'espoir que dans le seul courage,
Il court faire éloigner tout esquif du rivage.
« Soldats, dit-il aux siens, il faut vaincre ou mourir ».
Tous au seul désespoir n'ont plus qu'à recourir.
Lui seul est écouté : dans l'effort qu'il excite,
A travers les périls chacun se précipite;
Et malgré les Chrétiens qui, sur le roc fumant,
Combattent de ces cœurs l'avide acharnement,
Leur intrépide audace, à tout déterminée,
Oppose aux Chevaliers une rage obstinée.

Tandis qu'en ces assauts s'illustraient des guerriers,
L'Humanité pleurait sur leurs tristes lauriers.
En tout tems, des mortels douce et sincère amie,
Elle est sensible aux soins qui consument leur vie.
Combien de fois son ame a partagé nos maux,
A gémi des erreurs qui creusent nos tombeaux !

C'est là tout son pouvoir : l'impitoyable Guerre
De ses barbares mains l'a détruit sur la terre,
Sans le Crime farouche et ses noires fureurs,
Elle devrait en reine habiter dans les cœurs.
Mais par lui poursuivie, à toute heure offensée,
Elle en est pour jamais cruellement chassée.
Loin d'eux elle a fixé son tranquille séjour.

  Mais cette vierge en pleurs le quitte dans ce jour.
Elle prétend marcher vers de sanglans rivages,
Et d'un fer meurtrier arrêter les ravages.
Elle part, sous son vol disparaît le chemin.
Malte est le lieu choisi pour son pieux dessein.
D'un long crêpe d'abord elle a voilé sa tête :
Et, sans que la frayeur ni le danger l'arrête,
Elle se hâte, approche, arrive dans les lieux
Où luttent les Chrétiens et les Turcs furieux.
D'un pas ferme aussitôt vers eux elle s'élance ;
Au sein des bataillons elle pénètre, avance,
Arrête, avec les chefs, les soldats acharnés,
Et devant eux s'écrie : « O cœurs infortunés !
» Quelle étrange fureur peut ainsi vous séduire ?
» L'honneur consiste-t-il à vous entredétruire ?
» Voyez mon sein meurtri, mon corps défiguré,
» Mon cœur de mille traits par vos bras déchiré.

» Hélas ! au nom du ciel, terminez ma souffrance,
» Ou tranchez d'un seul coup ma pénible existence. »
Elle dit, se découvre, et montre sur son sein
Des traits, des coups frappés par un fer assassin.
Une pâleur mortelle assiége son visage.
Tout son corps ne paraît, ô pitoyable image !
Qu'un mélange confus de blessures, de sang,
De glaives, de poignards, enfoncés dans son flanc.
Mais spectacle trop vain ! dans l'horreur qui l'anime,
Mahomet fend la foule, et court à sa victime.
Il avait d'un visir pris la taille et les traits,
Homme dur, dont le cœur ne s'attendrit jamais.
Il insultait au deuil, il se riait des larmes.
Le sang, le meurtre seul avait pour lui des charmes.
Sous le sombre dehors de ce chef inhumain,
Le prophète imposteur, un poignard à la main,
Fond sur l'Humanité, la frappe, la terrasse,
Et contre elle des Turcs tourne toute l'audace.

FIN DU CHANT TREIZIÈME.

LA MALTÉIDE.

CHANT QUATORZIÈME.

SOMMAIRE.

L'Humanité allait succomber sous les coups de l'enfer, si l'Éternel, touché de son sort, ne l'avait sauvé d'un si grand péril. — Secours qu'il lui envoye. — Les combats continuent. — Déroute des troupes de Piali. — Ce chef, entraîné dans leur fuite, s'efforce de les rallier. — Secours qui lui prête le Démon des combats. — Horrible carnage des Musulmans. — Hascen a fait une nouvelle tentative. — Ses succès — Quincy est blessé par lui. — Dévoûment de cet illustre Chevalier. — Il relève le courage des Chrétiens et succombe à sa blessure. — Hascen quitte le fort où il se maintenait par sa valeur, pour voler au secours de Soliman qu'un faux bruit avait dit blessé.

CHANT QUATORZIÈME.

——

AINSI, foulée aux pieds de l'enfer en courroux,
L'Humanité cédait à l'effort de ses coups.
 L'Eternel que son sort vivement intéresse,
Veut que le ciel lui-même à la sauver s'empresse :
« Archanges ! esprits-saints ! partez, volez, dit-il,
» Au secours d'une vierge en ce pressant péril. »
Et près d'elle descend une troupe céleste,
Qui dérobe à l'acier le souffle qui lui reste.
Pour épuiser son flanc, l'enfer la cherche en vain :
Elle échappe à ses coups par un pouvoir divin.
De son sein palpitant la chaleur se ranime.
Recouvrant ses esprits, cette tendre victime
Rouvre l'œil, et sourit à la clarté du jour.
C'est ainsi, quand l'été, dans les champs de retour,
Répand de toutes parts son haleine embrasée,
Qu'une fleur se ressent des dons de la rosée :
Prête à perdre la vie en perdant sa fraîcheur,
Elle recouvre alors sa grâce et sa couleur.

    Par ses libérateurs, la vierge infortunée
Est jusqu'en sa retraite aussitôt ramenée.
Ils lui rendent l'espoir, et, prêt à la quitter :
« L'enfer seul, dit l'un d'eux, a pu vous résister.
» Le ciel qui l'a souffert, veut dans un tel outrage
» Avoir de son audace un dernier témoignage.
» Rassurez vous, calmez de si justes douleurs ;
» Recourez à Dieu seul contre tant de rigueurs.
Il achevait ces mots, et la troupe sacrée
Part, revole au séjour du céleste Empyrée.
    Cependant Piali, toujours plus valeureux,
Commandant des soldats et vaillans et nombreux,
Fond sur les Chevaliers qui, dans leur lassitude,
Ont peine à soutenir une attaque si rude.
Ils cèdent, un moment, à sa bouillante ardeur.
Mais le péril en eux rappelant la vigueur,
Ils font, animés tous d'une vertu soudaine,
Des efforts au-dessus de la puissance humaine.
Un violent courroux se mêle au dévoûment :
Il accroît le péril. Dans son acharnement,
L'assiégé frappe, atteint, et renverse sans vie
Tout ce qui lui résiste et brave sa furie.
L'amiral voit alors ses malheureux guerriers,
Les uns foulés aux pieds des plus fiers Chevaliers,

Les autres s'échappant à leur bras implacable,
Ou tombant sous les coups d'un fer inexorable.

Ils fuyaient les Chrétiens, quand leur chef belliqueux,
Plein d'un cruel dépit, s'élance au milieu d'eux :
Il court, suspend leurs pas, crie, exhorte, menace;
Il s'arme contre tous d'une éloquente audace :
Et pour le seconder, en cet instant fatal,
Accourt avec sa suite un génie infernal.
Escorté de l'horreur, sa compagne constante,
D'une aile meurtrière et de sang dégoûtante,
Il vole dans l'armée, en chasse la terreur,
Et fait partout céder la crainte à la fureur.
Sans entrailles jamais, ce Démon du carnage
Souffle dans tous les cœurs le dépit et la rage.
De sa voix formidable, il ranime, enhardit
Le chef déconcerté, le soldat interdit.
Maître des Musulmans, il leur rend l'espérance,
Et rallume en leur sein la soif de la vengeance.
Ralliés à ses cris, la honte sur le front,
Ils brûlent de venger leur perte et leur affront.
Le courroux les saisit ; le zèle les transporte,
Et contre les vainqueurs l'audace les emporte.
Mais trois fois attaquant, et trois fois repoussés,
Ils sont dans leur espoir constamment abusés.

Plus obstinés encor, long-tems sur ce rivage,
Ils eussent du combat disputé l'avantage,
Si bientôt un renfort qui vint fondre sur eux,
N'eût terminé ce choc et sanglant et douteux.
Corbinelli, Sada, tous deux nés dans Florence,
Adorne le génois, Ferrier, natif de France,
Arrivent, et poussant de redoutables cris,
Chargent, à coups pressés, les Musulmans surpris.
Là ces cœurs indomptés, de sang, de meurtre avides,
Frappent tout ce qui s'offre à leurs bras intrépides.

Rien ne peut résister au fer des Chevaliers;
Tout fuit. L'amiral même a suivi ses guerriers.
Nul chemin, nul obstacle alors ne les arrête;
Ils ont perdu chacun tout espoir de conquête,
Pareils à des béliers, qu'un orage bruyant
Met en fuite aux éclats d'un tonnerre effrayant.
Vainement le berger, qui se trouble lui-même,
Veut réprimer l'essor de leur frayeur extrême.
Le timide troupeau ne connaît plus sa voix;
Il franchit, dans sa peur, et les monts et les bois.

Tels les Turcs égarés, pressés dans leur défaite,
Loin des murs foudroyans cherchaient une retraite.
Candélissa lui-même est frappé de terreur :
Avec l'espoir il perd tout à-coup sa valeur.

Pour fuir le châtiment d'un apostat, d'un traître,
Il renonce au projet de saisir le grand-maître ;
Et par lui les esquifs, repris honteusement,
Servent de sa frayeur le lâche empressement.
Mais en vain ses soldats s'obstinent dans leur fuite.
Le carnage et l'horreur volent à leur poursuite.

   A peine rembarqués, foudroyés par le fort,
Au fond de l'onde amère ils vont subir la mort.
Quel spectacle ! Bientôt de leur poids surchargées,
On ne voit sur les eaux que barques submergées.
Rien ne peut rassurer les esprits éperdus.
Ceux qui sont demeurés, interdits, confondus,
Dans l'espoir de fléchir le soldat en furie,
Embrassent ses genoux et demandent la vie.
Le courroux à leur voix a fermé tous les cœurs :
Ils sont sacrifiés par la main des vainqueurs.

   En vain, épouvantés d'un si sanglant carnage,
Plusieurs au sein des flots s'élancent du rivage.
La crainte les aveugle ; et, pour fuir le danger,
Dans le gouffre des mers ils courent se plonger.
La mort les y poursuit : l'airain qui sur eux tonne,
Signale horriblement le trépas qu'il leur donne.
La vague roule au loin mille débris épars,
Des cadavres tronqués, des restes d'étendards,

Des corps, des bras flottans, des jambes fracassées,
Des têtes sur les eaux tristement dispersées.
L'horreur s'offre à son comble en ce désastre affreux.
Cependant, accablé d'un dépit douloureux,
Piali qui ne peut survivre à sa disgrâce,
Veut qu'au prix de son sang la honte s'en efface.

  Mais Hascen plus heureux, affrontant les hasards,
Avait d'un autre fort surpris les boulevarts.
Ses murs dès ce moment tombaient en sa puissance,
Si des remparts voisins, volant à sa défense,
Demonté, Médina, Ruiz, Quincy, Gioux,
Dans ce lieu menacé n'eussent porté leurs coups.
Hascen ressent d'abord leur vigoureuse audace.
Celle qu'il leur oppose en efforts la surpasse;
Et par ses seuls exploits, fier de triompher d'eux,
Il ne peut s'arracher à ce choc périlleux :
Osant tout, bravant tout, ce guerrier redoutable
Devant les Chevaliers demeure inébranlable.
Quincy même est par lui frappé d'un coup mortel.
Ministres du trépas dans cet assaut cruel,
Turcs, Chrétiens, semblaient tous, à mille traits en butte
Ne pouvoir se lasser d'une si longue lutte.

  On combattait toujours, et toujours l'ennemi
Sur le mur emporté demeurait affermi.

Cependant les Chrétiens, et redoublant de zèle,
Et déployant vingt fois une force nouvelle,
Pour rompre et disperser ses flots tumultueux,
Sans cesse lui livraient un choc impétueux.
Mais les Algériens, à tant de résistance,
D'une indomptable audace opposaient la constance.
Assiégés, assiégeans, de fatigue excédés,
De plus d'ardeur encor se montraient possédés.
D'un côté, dans l'espoir d'un brillant avantage,
Hascen de ses guerriers relève le courage;
De l'autre, impatiens de sauver leurs remparts,
Les Chrétiens à travers les flammes et les dards,
Pour chasser l'ennemi toujours plus formidable,
Font, sans se ralentir, un effort incroyable.

Non loin de là, Quincy sur la terre étendu,
Cédait au coup du sort qui l'avait abattu.
Mais soit que sa blessure, ou plus ou moins cruelle,
Ne dût point l'entraîner dans la nuit éternelle;
Soit qu'un transport subit, maître de sa douleur,
De ses esprits alors ranimât la vigueur,
Il soulève sa tête... Il voit sur les murailles
Ce qu'a de plus affreux le destin des batailles :
Il y voit ses amis, haletans, harassés,
Au milieu des mourans, au milieu des blessés,

N'ayant d'autre soutien que leur vertu guerrière,
S'en faire en cette lutte une forte barrière.
Il soupire, il frémit, il cède à sa valeur :
Il se lève, et lui-même oubliant son malheur,
Il s'arme, court, s'éloigne; il fond dans la mêlée,
Où le sort lui réserve une fin signalée.
Des cœurs, à son aspect, quel est l'étonnement?
Sa présence de tous accroît l'acharnement.
A son aide on accourt; chacun veut le défendre,
Veut lui donner son sang tout prêt à se répandre :
Et chefs, soldats, poussés d'une égale fureur,
Avec l'espoir enfin recouvrent la vigueur,
Ils respirent. Sans doute, en ce moment terrible,
Un Dieu les soutenait de son bras invincible.
Alors et Romégas et Guiral, tant de fois
Attaqués et vainqueurs, font de nouveaux exploits.
Tous deux portaient plus loin la terreur de leurs armes;
Mais tous deux appelés par mille cris d'alarmes,
Du plus proche rempart ils étaient accourus.
Leurs amis en danger sont par eux secourus:
Changeant en prompts succès tant de destins contraires,
Ils rendent l'espérance et la vie à leurs frères.
Devant eux l'ennemi s'est enfin ébranlé,
Et, pour leur échapper, a déjà reculé.

Mais Quincy, dans un choc et si long et si rude,
Tombe épuisé de sang, mourant de lassitude :
Il n'est plus ; et la soif de venger son trépas
D'un ardent désespoir enflamme les soldats.
Tous à ce Chevalier veulent donner leur vie ;
Veulent que de leur mort la sienne soit suivie.

Mais quel bruit effrayant est d'Hascen entendu ?
En naissant, incertain, bientôt plus répandu,
Il confirme en son cœur une triste nouvelle.
Il n'en peut plus douter. Tourmenté par son zèle,
Sûr qu'un fer meurtrier a blessé Soliman,
Il ne balance point : dévoué musulman,
Il interrompt l'assaut, renonce à sa conquête,
Et de nouveaux combats court braver la tempête.
C'est au sultan qu'il porte un généreux secours,
Qu'il vient offrir son bras, qu'il vient donner ses jours.
Un vain bruit cependant excitait tant de crainte.
Soliman de nul trait n'avait senti l'atteinte.
Seulement les Chrétiens, méditant son trépas,
Osèrent jusqu'à lui précipiter leurs pas.
Mais à l'instant forcés par sa garde fidelle,
Long-tems, pour se défendre, ils luttèrent contre elle.

FIN DU CHANT QUATORZIÈME.

LA MALTÉIDE.

CHANT QUINZIÈME.

SOMMAIRE.

Des femmes partagent les périls des Chrétiens : elles défendent avec eux les murs assiégés. — Épisode de Lanna, nièce d'un commandeur de l'Ordre de Malte. — Soliman presse vivement les Chrétiens. — Leur résistance. — Le sultan en est ébranlé et reçoit une blessure. — Il est emporté sur son vaisseau, dans le lieu où sont les restes d'Elvire. — Étrange événement qui se passe devant lui. — Les assauts continuent. — Nouveaux efforts des assiégeans. — Le grand-maître fait lancer sur eux des cercles embrasés. — Effets terribles qu'ils produisent. — Les Musulmans abandonnent la brèche. — La Valette les poursuit. — Bataille entre lui et les Turcs, etc.

CHANT QUINZIÈME.

———

Quel empire n'a point sur les plus faibles cœurs
L'exemple du courage en butte à des malheurs!
Des femmes, dont la force est plutôt dans leurs charmes,
Affrontent du soldat et les feux et les armes.
Mais, ô cruel Amour! en quels maux plonges-tu
Ceux dont ta fièvre ardente égare la vertu?
Quel sentiment aussi, quelle audace intrépide
Ne sais-tu point donner au cœur le plus timide?
  Dans un des forts vivait une rare beauté,
Portrait noble et touchant de la divinité.
Nièce d'un commandeur, à sa haute naissance
Elle joignait l'éclat d'une heureuse opulence.
C'était l'objet des vœux des jeunes Chevaliers.
Mais, tout en l'admirant, ces illustres guerriers,
Quand de justes égards les appelaient près d'elle,
De leurs feux indiscrets modéraient l'étincelle.
Un d'eux, sans le savoir, avait blessé son cœur:
Et la tendre Linna, par un rigide honneur,

Opposant aux desirs les vertus de son ame,
Avait su commander à sa puissante flamme.
Elle aimait, sans jamais que son cœur le trahît;
Et toujours au devoir son amour obéit.

De ses feux cependant l'insurmontable atteinte
Lui faisait éprouver une dure contrainte :
Et plus son cœur épris savait dissimuler,
Plus d'une ardeur secrète il se sentait brûler.
D'un amour à ses yeux peint comme illégitime,
Elle était à la fois et maîtresse et victime.
Mais au sein des ennuis d'un penchant malheureux;
Dans les soins, les combats d'un martyre amoureux,
Que son tourment s'accrut, depuis qu'en ces murailles
Chaque jour éclaira de tristes funérailles!

Le plus cuisant souci l'agite et la poursuit.
De la pensée alors elle cherche, elle suit
Le cher et digne objet, dont le jeune courage
Se plaît en des périls qu'absente elle partage.
Sur la brèche, où sans cesse il affronte la mort,
Elle craint pour ses jours les caprices du sort.
Peut-être, se dit-elle, une main meurtrière
A l'instant, sans pitié, lui ravit la lumière.

Son cœur, à ce penser, de tourmens assailli,
D'amour et de douleur vingt fois a tressailli.

Loin d'un oncle, au moment qu'il va, par sa présence,
Des Chrétiens sur les murs diriger la vaillance,
Linna, dans sa frayeur, dans son égarement,
Ne respire, ne voit, n'entend que son amant.
Mais, pour le préserver du fer qui le menace,
Que fera son amour? et que peut son audace?
Elle seule, ira-t-elle, en ces hasards mortels,
Emouvoir, attendrir, désarmer des cruels?
Dans le pressant effroi de son ame éperdue,
Un spectacle étonnant vient s'offrir à sa vue.
Des femmes qu'animaient la patrie et l'honneur
Arrivaient, déployant une guerrière ardeur:
Elles couraient braver le sort et les batailles;
Elles couraient mourir pour sauver leurs murailles,
Ou du moins partager, avec les Chevaliers,
Tant de brillans travaux, tant de faits meurtriers.

   A leur aspect, Linna sent naître dans son ame
Une valeur soudaine, un espoir qui l'enflamme:
Elle sort, et l'amour à sa timidité
Donne alors tout le feu de l'intrépidité.
Elle-même conduit ces femmes généreuses
Que le péril appelle et rend audacieuses:
Toutes pour les dangers attestent leur mépris
Et le vaillant desir dont leur cœur est épris.

Leur nombre, en s'augmentant, en s'ouvrant un passage
Des assiégés ranime, enflamme le courage :
Ce renfort les soutient. Les unes avec eux
Frappent d'un bras long-tems et ferme et vigoureux ;
Les autres, dans l'horreur de l'attaque sanglante,
Font sur les assiégeans pleuvoir une eau bouillante.
Mais que devient Linna dans ce terrible instant ?
Tremblante, encouragée, et, le cœur palpitant,
Insensible aux périls où son amour l'expose,
Craintive, audacieuse, elle s'avance, elle ose,
Pour revoir un amant si cher, si précieux,
Pénétrer vers la brèche et le chercher des yeux :
Elle ne voit d'abord qu'un torrent de fumée,
Qu'une foule confuse au carnage animée.
Pâle, d'effroi saisie, elle suspend ses pas.
Son desir toutefois ne l'abandonne pas :
Il dirige sa marche au fort de la tempête.
A combler son espoir la fortune était prête.
Elle allait voir l'objet à qui son tendre cœur
Ne pouvait plus cacher sa malheureuse ardeur.
Mais, ô revers cruel !... dans son élan rapide,
Fond sur elle en sifflant un boulet homicide :
Il lui brise le sein ; il lui ravit le jour ;
Il éteint dans son sang un déplorable amour.

O que si tu savais, jeune et vaillant Sydnée,
La fin, la triste fin de cette infortunée!
Ton cœur désespéré, déchiré de douleur,
Ne pourrait désormais survivre à son malheur;
Tu voudrais, sur le sein de cette illustre amante,
Lui donner de tes feux une preuve sanglante;
Lui prouver tes efforts par l'amour excités,
Combattre, la venger, mourir à ses côtés.
Dans Malte ce mortel, au printems de son âge,
Faisait des jeux de Mars le dur apprentissage.
La vertu, ses devoirs, motifs purs et puissans,
Avaient su commander à ses desirs naissans :
Il admirait Linna, sans prétendre à ses charmes,
Et sans qu'il soupçonnât ses discrètes alarmes.

Cependant les périls s'étaient encore accrus,
Et s'annonçaient au loin par mille cris aigus.
Assiégés, assiégeans, tous rivaux en courage,
Dans un tumulte affreux se livraient au carnage.
Mais avec quelle ardeur combattait Soliman!
La terreur précédait ce terrible Ottoman.
A combien de Chrétiens, dans sa fureur guerrière,
Ce valeureux sultan fait mordre la poussière!
Cependant, pour l'atteindre, on brave le trépas.
Sur lui fondent encor d'impétueux soldats,

Dont les chefs dévoués, en volant à leur tête,
Au monarque vainqueur disputent sa conquête.
On se bat, on s'acharne; et Soliman surpris
Est ébranlé du choc de ses fiers ennemis :
Atteint même d'un coup, frappé d'une main sûre,
Il pâlit, et le sang indique sa blessure.
Quel malheur pour les siens! le bruit qui s'en répand
Ralentit le combat que la douleur suspend;
Et, du haut de la brèche, on porte dans sa tente
Le héros accusant la fortune inconstante.
Mais avant que le zèle, effrayé pour ses jours,
Ait pu lui prodiguer de l'art tous les secours,
Soliman, dans son cœur dévorant son outrage,
Veut que sur l'heure même on l'emporte au rivage.
Cependant par son ordre on revole à l'assaut.
L'indompté Mustapha commande à son défaut :
Il s'est joint l'amiral, dont le dépit extrême
S'empresse de venger et son prince et lui-même.

  Porté par des guerriers qu'honore un tel fardeau,
L'impérieux monarque arrive à son vaisseau.
Sans crainte pour sa vie, il veut qu'en ce navire
On le dépose où gît la malheureuse Elvire.
Là, sur elle attachant ses yeux mouillés de pleurs,
Il demeure plongé dans de sombres douleurs.

Mais son courroux éclate; à l'instant il s'écrie :

« O femme infortunée ! ombre auguste et chérie !

» Sois témoin de mon sort; contemple dans mon sang

» De tes cruels bourreaux l'attentat renaissant;

» Reconnais leur audace, et vois mon impuissance !

» Ton sang versé, le mien demande au ciel vengeance,

» Et le ciel la refuse à ma juste fureur,

» Au cri du désespoir, à la voix de l'honneur !

» Des flots de mes guerriers, pour punir tant d'outrages,

» Aurai-je donc en vain inondé ces rivages ? »

Ainsi le fier sultan déplorait son malheur.

Jouet, dans son amour, d'une fatale erreur,

Il accusait le ciel; et le ciel équitable

Enfin daigna répondre à sa plainte coupable.

Est-ce un songe ? Soudain, froide devant ses yeux,

Elvire, en s'animant, cède au pouvoir des cieux.

O prodige inouï ! cette amante respire,

S'adresse à Soliman, le regarde, soupire,

Et de sa bouche alors laisse tomber ces mots :

« Le ciel a fait justice et vengé des héros.

» Respectez ses décrets : c'est, pour vous les apprendre,

» Un Dieu même, seigneur, qui fait parler ma cendre ».

Elle dit, et soumise aux dures lois du sort,

Retombe, en gémissant, dans les bras de la mort.

Le trouble, la frayeur règne dans cette enceinte.
Tous les cœurs sont glacés d'une épouvante sainte.

Mais vers son prince Hascen arrive haletant;
Il entre, et devant lui se prosterne à l'instant.
Il gémit, il frémit de voir couler encore
Ce sang si précieux que tout un peuple adore :
Et le bouillant bacha, d'un nouveau zèle épris,
Du feu de la vengeance enflamme les esprits.
Lui, soldats, officiers entourent le monarque.
Redoutant pour ses jours les ciseaux de la parque,
L'œil ardent de courroux, la rage dans le sein,
Au dessus du sultan ils lèvent tous la main :
Et tous jurent sur lui, d'une voix menaçante,
De punir par le fer une insulte sanglante.
De leur cruel serment la rapide clameur
Vole, court dans l'armée accroître la fureur.

Enfin contre les forts l'attaque recommence.
Le désespoir accru, la haine, la vengeance,
La soif du sang chrétien, d'affreux ressentimens
Ramènent sur les murs des flots de Musulmans.
Fiers vengeurs du monarque, agas et janissaires
Chargent plus vivement leurs vaillans adversaires.
Mais partout La Valette, au mépris du trépas,
De son exemple anime, enflamme ses soldats.

Par son ordre, aussitôt de leurs mains triomphantes,
Fondent sur l'ennemi des flammes dévorantes,
Des cercles embrasés, effroyables apprêts
D'un génie, inventeur de ces cruels secrets.
Son invisible bras lui-même les dirige.
C'est par lui qu'opérant un terrible prodige,
Des sommets de la brèche et du haut des remparts,
Ces mortels instrumens pleuvent de toutes parts.
Quel spectacle d'horreur! la résine enflammée,
Le bitume bouillant couvre, assiége l'armée.
Par le soufre et le feu de ces bois meurtriers,
Sont en foule assaillis d'infortunés guerriers.
Dans ces ardens liens la parque les enchaîne,
Et jusqu'au noir Cocyte à l'instant les entraîne.
   Que d'accens douloureux, affreux et déchirans
Ces malheureux poussaient dans la flamme expirans!
Des voix, des cris aigus, des plaintes lamentables
Remplissaient tous ces lieux de sons épouvantables.
Parmi les tourbillons autour d'eux répandus,
Couraient les assiégeans, égarés, éperdus.
Les uns, demi-brulés, emportaient dans leur fuite
Des feux qui s'acharnaient partout à leur poursuite :
Ils allaient, de leurs cris effrayant les échos,
Pour finir tant de maux, se plonger dans les flots ;

Les autres, hors des murs, emportés par la crainte,
De ces feux dévorans fuyaient l'horrible atteinte.
Que d'effroi, de désastre au sein de ces soldats!
Les cercles, dont la flamme aiguillonnait leurs pas,
Entraînés avec eux sur ce triste rivage,
D'un cruel incendie offraient au loin l'image:
Ils ne pouvaient s'éteindre une fois allumés,
Et ceux qu'ils atteignaient en étaient consumés.
Alors, en des tourmens non moins longs qu'effroyables,
Expiraient ces guerriers, victimes déplorables.

Mais les chefs, dont l'audace affronte le trépas,
Tentent de rallier ces malheureux soldats.
D'un noir dépit encor leur ame est animée:
Ils veulent à l'assaut ramener leur armée;
Ils exhortent cent fois et menacent en vain
Les esprits effrayés de leur affreux destin.
Le désordre de tous achève la défaite.

Cependant furieux, outré de leur retraite,
Mustapha, dans l'excès d'un insensé courroux,
Sur ces infortunés faisait pleuvoir des coups:
A périr sur la brèche il voudrait les contraindre.
Mais les feux des Chrétiens mille fois plus à craindre
Que le tranchant aigu de l'homicide acier,
Commandent l'épouvante au cœur le plus altier:

A leur fatal aspect, fuyait le janissaire
Et le plus intrépide et le plus téméraire.
Rien ne saurait calmer, rassurer ces esprits
Des rigueurs de leurs chefs trop justement aigris.
Le découragement, le tumulte redouble :
Et prompt à profiter d'un tel excès de trouble,
Pour terminer enfin tant d'assauts meurtriers,
Le grand-maître au combat mène ses Chevaliers.
Il veut, par mille efforts, ce jour même, à leur tête,
Oter à Soliman tout espoir de conquête.
    Avec ses bataillons, il fond, le glaive en main,
Sur l'ennemi troublé, las, confus, incertain.
Copier qui l'accompagne, et que suit la victoire,
Veut aussi partager ses périls et sa gloire.
Assuré du succès, l'audace dans le cœur,
En soi-même déjà chacun se croit vainqueur :
On tente, on ose tout sous un chef invincible.
Les Turcs sont ébranlés par un choc si terrible :
Ils cèdent à la force; et leurs rangs dispersés
N'offrent plus que soldats, fuyans ou renversés.
Partout l'abattement, la peur se manifeste :
A leur suite s'acharne une terreur funeste.
Mais les chefs, recourant à des moyens heureux,
Ramènent sur leurs pas ces guerriers tout poudreux.

Leur exemple, leur voix, une honte soudaine
Réveillent dans les cœurs le courage et la haine.
Aussitôt déployant un front plus étendu,
Ils en font ressentir l'effort inattendu.
D'un rude et long combat s'offre l'affreuse image.
Deux murs vivans au loin vomissent le carnage.
Le mousquet meurtrier, par ses coups redoublés,
D'une sombre vapeur couvre les airs troublés.
Des deux côtés tonnaient des bronzes homicides.
Le sifflement, l'essor de cent globes rapides,
Par le salpêtre en feu, poussés hors de l'airain,
Prouvaient tout ce que peut un savoir assassin.
On y voyait sur-tout, instrument des batailles,
La bombe, que l'obus chasse de ses entrailles,
Tour à tour sur la terre et ramper et bondir,
S'élever, retomber, tout-à-coup s'entrouvrir,
Et, de ses flancs brisés avec un bruit horrible,
Semer autour de soi la mort la plus terrible,
Multiplier sa rage autant que ses éclats,
Mutiler, déchirer les malheureux soldats.
De tels dangers pourtant affrontant la tempête,
Les Chrétiens, dont le chef part et vole à leur tête,
Serrent leurs bataillons, pressent leurs mouvemens
Et se jettent vainqueurs sur les fiers Musulmans.

Loin de fuir, les Turcs font, quoique sans avantage,
Tout ce que peut oser un généreux courage:
Ils soutiennent le choc. Mais, trois fois enfoncés,
Ils couvrent divers lieux de morts et de blessés.

FIN DU CHANT QUINZIÈME.

LA MALTÉIDE.

CHANT SEIZIÈME.

SOMMAIRE.

Soliman, qui n'a été que légèrement blessé, reprend ses armes et revole aux combats. — Effet que produit sa présence sur ses troupes. — Il cherche le grand-maître qui portait le carnage dans son armée. — Combat de ces deux héros. — Les soldats, Chrétiens et Musulmans, comme par un miracle, cessent tout à coup de se battre. — Ils demeurent inactifs, et ne sont occupés que des efforts de leurs chefs. — Tentatives de Mahomet et de l'Amour pour détourner ces chefs du combat qu'ils se livrent, et pour mettre de nouveau aux prises les Turcs avec les Chevaliers. — L'Éternel les confond. — Témoignage éclatant de sa puissance. — Il fait rentrer dans le néant les ennemis des Chrétiens. — Soliman et La Valette en sont toujours aux mains. — Tableau de ces guerriers. — Ils se livrent le plus violent combat. — Action généreuse du grand-maître. — Intervention du Ciel, etc.

CHANT SEIZIÈME.

Telle que s'écroulant des rocs de l'Helvétie,
Fille des noirs frimas, par l'aquilon durcie,
Une énorme avalange écrase les troupeaux,
Entraîne les forêts, emporte les hameaux;
Tel que ce long amas et de neige et de glace
Rompt tout ce qui s'oppose au lourd poids de sa masse :
Tel La Valette, ardent à guider ses guerriers,
Ebranle, enfonce, abat des bataillons entiers.
Au travers de l'armée il se fait un passage :
Il s'élance sanglant dans un champ de carnage;
A tout ce qu'il rencontre il donne le trépas,
Fait voler l'épouvante au devant de ses pas.
Qui ne l'eût redouté dans ce moment terrible?
Avec lui combattait un pouvoir invisible :
Il dirigeait ses coups, redoublait sa vigueur,
Et devant lui frappait l'ennemi de terreur.
En vain des chefs vaillans s'efforcent de l'atteindre.
Pressés par des guerriers pour eux non moins à craindre,

Ils ne sont occupés que du soin valeureux

De soutenir ailleurs un choc impétueux.

Contre eux tout combattait avec une furie

Qu'excitait dans les cœurs l'amour de la patrie.

　　Mais bientôt, au fracas qui règne dans les rangs;

Aux accens douloureux des blessés, des mourans,

Soliman, dans sa tente, instruit de ces alarmes,

Pour secourir les siens, veut reprendre ses armes.

Du fer qui l'atteignit heureusement l'acier

Trahit des assiégés le projet meurtrier :

Sa pointe détournée, en glissant sur l'armure,

N'osa tenter sur lui qu'une vaine blessure;

Et, par les soins d'un art aussi prompt que puissant,

De la plaie aussitôt on étancha le sang.

Déjà le fier sultan, surmontant sa disgrâce,

De dépit, s'est chargé du poids de sa cuirasse :

Il s'arme en frémissant. Le cimeterre en main,

Il court et se venger et changer son destin.

　　Tel qu'un rapide éclair, dans sa course imprévue,

Il frappe les soldats de l'éclat de sa vue.

A son aspect, les cœurs se sentent ranimés.

De l'ardeur qui l'embrase ils sont tous enflammés.

L'audace en eux renaît et l'espoir avec elle.

Sur leur visage altier le courage étincelle.

Tous veulent devant lui mourir victorieux ;
Tous redoublant d'efforts, acharnés, furieux,
Etouffant dans leurs cœurs tout desir de retraite,
N'aspirent qu'à venger leur dernière défaite.
Des Chevaliers d'abord ils soutiennent le choc.
Leur masse inébranlable est alors comme un roc
Qui des noirs aquilons, déchainés sur sa tête,
Supporte la furie et brave la tempète.
Mais de ces Musulmans quel que soit le rempart,
Sur eux fond La Valette aussi vîte qu'un dard.
En vain long-tems encor la foule lui résiste.
Cet invincible chef dans son assaut persiste :
Il force les soldats, se jette au milieu d'eux,
Dans leur rangs enfoncés répand un trouble affreux,
Y fait à chaque pas de terribles ravages,
Et des flots de leur sang inonde ces rivages.
   Mais l'ardent Soliman, poussé par sa valeur,
Court, prétend arrêter son ennemi vainqueur :
Il vole à sa poursuite, avec l'impatience
D'un cœur bouillant de rage, altéré de vengeance.
Tout ce qui lui résiste est par lui renversé.
Le plus fier Chevalier est par lui terrassé.
C'est un lion sanglant que le carnage irrite :
Au centre des Chrétiens il fond, se précipite,

Et bravant et donnant à la fois le trépas,
Il devance en vainqueur ses fidèles soldats.
De tous, par son exemple, il accroît la vaillance :
Au plus fort de l'orage à leur tête il s'élance.
O que dans son courroux il semblait effrayant !
Les éclairs de ses yeux ; son regard foudroyant ;
Les coups multipliés d'un large cimeterre,
De son vigoureux bras ministre sanguinaire ;
Tout, dans l'emportement de son dépit cruel,
Signalait ce terrible et superbe mortel.

    Ainsi, dans ces combats il se livre au carnage ;
Ainsi, sur les Chrétiens il venge son outrage.
Au milieu du tumulte, à travers les hasards,
Il s'avance pareil à l'homicide Mars.
Son adversaire enfin devant lui se présente :
Il le voit et frémit. Tel aux rives du Xanthe,
L'impitoyable Achille, au seul aspect d'Hector,
A toutes ses fureurs donnait un libre essor.

    L'impatient sultan part comme un trait rapide,
Et dans sa course atteint son rival intrépide.
Musulmans, Chevaliers, chefs, soldats tout poudreux,
Au massacre excités, combattaient autour d'eux.
Cependant, qui l'eût dit ? ô divine sagesse !
Dieu veut : et tout d'un coup tant d'acharnement cesse.

Turcs, Chrétiens ont les yeux sur les deux combattans,

Et tous entre la crainte et l'espoir sont flottans.

Le fer demeure oisif dans leurs mains sanguinaires.

Chacun pour son parti craint les destins contraires.

    Mahomet en frémit : par sa haine excité,

Du ciel même il prétend changer la volonté.

Il va trouver l'Amour qui, loin du bruit des armes,

Dans un calme apparent déposait ses alarmes.

Ni les lieux fortunés où ce dieu tient sa cour,

Où les plaisirs pour lui renaissent chaque jour;

Ni le courroux du ciel que son audace offense,

Ne peuvent dans son cœur amortir la vengeance.

Il voudrait de l'enfer servir les attentats.

Sur des bords enchantés, centre de ses états,

Il reposait alors sous un vaste feuillage,

De rameaux enlacés agréable assemblage.

Palais, riant bosquet, fait pour la volupté,

Il est dans tous les tems des frimas respecté.

Si l'or n'y brille point, des roses immortelles,

Ouvertes tous les jours, et tous les jours plus belles,

Mariant leurs couleurs avec ses lambris verts,

En décorent l'enceinte, et parfument les airs.

Partout, sans que jamais l'été les décolore,

S'offrent dans ce séjour les doux présens de Flore.

Tout y montre, y conserve un éternel éclat.
De la grenade en fleur le brillant incarnat
Y paraît, des rameaux égayant la verdure,
Tel qu'un rubis dont l'art nous fait une parure.
Des myrthes odorans, des bois mystérieux
Entrecoupent ces prés, ces champs délicieux.
Ici sont des bosquets, là de vertes prairies.
Plus loin, baignant l'émail de ces rives fleuries,
Autour d'elles serpente et règne le cristal
D'une eau tranquille au sein d'un superbe canal.
Des cygnes, plus brillans que la neige éclatante,
Réfléchis au miroir de l'onde transparente,
Glissent, en se jouant, sur l'immobilité
De ce beau lac par eux et le calme habité.

Là préside le dieu qui se rit de nos peines,
Qui fait tout son pouvoir des faiblesses humaines.
Pour suite, il a les ris, les jeux et les plaisirs,
Les regrets importuns, les volages desirs;
Pour sujets, des amans sans foi pour leurs amantes,
Dont lui-même entretient les flammes inconstantes;
Peuple vain et léger, occupé tout le jour
De l'art de feindre un tendre et véritable amour.

Au sein des voluptés que sans cesse il respire,
Là le tyran des cœurs exerce son empire.

Sur un trône, tantôt on le voit triomphant.
Libre de son carquois, tantôt c'est un enfant
Qui se mêle aux Amours et folâtre sur l'herbe :
Tantôt, changeant de traits, c'est un maître superbe,
Qui, jaloux de ranger sous ses lois l'univers,
Aux plus fiers des mortels voudrait donner des fers.
Mahomet, revêtu d'une pompe éclatante,
Arrive, et, l'œil en feu, devant lui se présente :
« Des affronts, lui dit-il, et des revers nouveaux
» Seront-ils les seuls fruits qu'attendent nos travaux ?
» Notre ennemi triomphe!... Est-ce donc sa puissance
» Qui nous doit commander ici l'obéissance ?
» Ce fier Amour, n'aguère à sa perte acharné,
» N'est-il plus qu'un enfant pour l'esclavage né ?
» Qu'est devenu son zèle à servir notre cause ?
» Est-ce assez qu'en ces lieux mollement il repose ?
» Ah! plutôt, qu'au moyen d'un prompt déguisement,
» Il sache de deux chefs vaincre l'emportement.
» En vain de leurs soldats l'ardeur s'est ralentie;
» Il faut, en les tirant de leur lâche inertie,
» Que d'Elvire vivante il imite les traits,
» Et devant le sultan retrace ses attraits. »
    L'Amour comprend ces mots; et, cédant au prophète,
Il quitte au même instant sa tranquille retraite :

Il dirige son vol vers les funestes bords,
Où gisent la sultane et tant d'illustres morts.
D'Elvire il prend les traits, le maintien, la stature,
Et compose avec art une adroite imposture.
Brillant de tout l'éclat qu'avait cette beauté,
Il s'offre à Soliman soudain déconcerté :
A peine apperçoit-il cette image touchante,
Qu'il croit voir, retrouver sa malheureuse amante.
Elle approche de lui, s'arrête, tend les bras
Aux deux héros frappés de ses puissans appas :
« Guerriers, qu'à votre perte un vain délire excite,
» Renoncez au courroux qui tous deux vous agite,
» Dit-elle, c'est le ciel qui m'amène vers vous,
» Pour fléchir votre haine et retenir vos coups. »
A ce discours ses yeux se remplissent de larmes :
La beauté dans les pleurs triomphe alors des armes.
Chacun des deux héros sent son cœur désarmé.
Soliman tout ensemble interdit et charmé,
Deux fois vers le fantôme avec transport s'élance,
Et deux fois l'objet feint trahit son espérance :
Il s'éloigne, l'entraîne et suspend le combat.
    Loin de lui Mahomet poursuit son attentat.
Prenant d'un vieil aga la taille et le visage,
Il va, vient, court pousser ses soldats au carnage :

Et déjà la fureur est prête à les saisir.

L'enfer réveille en eux un féroce desir ;

Il comunique à tous son projet homicide.

Mais l'Éternel, en qui toute force réside ,

Qui d'un geste, d'un mot, fait trembler l'univers ,

Arrête en ses desseins un ennemi pervers.

« Quoi ! dit-il menaçant , un perfide , un rebelle

» Oserait m'opposer une rage éternelle !

» Il armerait des cœurs par moi seul désarmés !...

» Ah ! que de tels complots soient en lui réprimés !

» C'est assez que dans Malte, à force de carnage ,

» Les Chrétiens qu'il poursuit aient prouvé leur courage ;

» Que ces vaillans mortels, tant de fois combattus ,

» Aient fait au monde entier admirer leurs vertus ;

» Que ma justice enfin , par tant de résistance ,

» Ait pour eux de mon bras signalé l'assistance...

» Ressentimens , fureurs , rentrez dans le néant.

» Mes décrets sont remplis : de mon bras foudroyant ,

» Renversons, écrasons sous le poids de leurs chaînes

» Ces ministres honteux des passions humaines. »

   Il dit, fait un clin d'œil , et la terre a tremblé.

Mahomet de ce signe est lui même accablé.

Succombant sous le poids de sa toute-puissance ,

Il y voit ses soldats céder sans résistance

Il fuit, non pas au sein du céleste séjour,
Mais en de tristes lieux où, loin des feux du jour,
Il court ensevelir ses projets téméraires.
    Cependant les deux chefs, valeureux adversaires,
Délivrés du fantôme à leurs yeux disparu,
Reprennent le combat vainement suspendu.
Du fracas de leur choc les échos retentissent,
Et d'effrayans éclairs de leurs armes jaillissent :
On eût dit qu'animés d'un secret sentiment,
Leurs glaives partageaient tant de ressentiment.
Le fer résiste au fer dont chacun se menace.
De quels coups on entend résonner leur cuirasse !
Attaquant, attaqués au même instant tous deux,
Ils font, d'un bras constant, pleuvoir l'acier sur eux.
    Dans leur brûlant regard la colère étincelle.
Une noble fureur éclatait avec elle.
Comme un cèdre agité sur le front du Liban,
Dans ces rudes assauts se montrait Soliman.
Que jusqu'en son courroux on voyait de noblesse !
Et que son front superbe étalait de richesse !
Un croissant, dont l'éclat défiait le soleil ;
De son large turban magnifique appareil,
Tel qu'un astre, lançait un rayon de lumière,
Digne d'orner sa tête et respectable et fière.

Sous ce faste, quel port, quels traits majestueux !
Le fer qui le couvrait n'était pas moins pompeux.
L'or à l'acier mêlé, dans sa riche parure,
Distinguait sa pesante et somptueuse armure.

La Valette plus simple, et non moins imposant,
N'offrait, au lieu de l'or, qu'un fer resplendissant.
Ce métal, des guerriers ornement salutaire,
Est au champ des hasards seul digne de lui plaire.
D'une croix, signe auguste et de nous révéré,
Ce héros toutefois paraissait décoré.
Du salut des Chrétiens cette marque adorable
S'alliait à l'acier d'une arme impénétrable,
Qui dans les durs combats couvrait ce cœur vaillant,
Et lançait des éclairs de son poli brillant.
La main de l'ouvrier, en forgeant cette armure,
Y prit soin d'imprimer la trempe la plus dure.

Mais que d'assauts encor se livrent ces héros !
Ils ressemblent tous deux aux vents qui, sur les flots,
Opposés l'un à l'autre, et déchaînant leur rage,
Menacent le nocher du plus terrible orage.
Leurs bras, par la vengeance et le meurtre excités,
Attestent le dépit de ces cœurs irrités.
Dans leur bouche est un morne et farouche silence.
De leur emportement s'accroît la violence :

La soif de triompher les rend plus furieux.
Leur visage est en feu, l'éclair sort de leurs yeux.
Sans cesse un fer mortel fait gémir leur cuirasse.
Ce n'est plus la valeur, c'est une aveugle audace
Qui dirige, au hasard, sur leur sein, vers leur flanc,
Un glaive, dans leurs mains, altéré de leur sang.
Sous leurs pieds croît, s'étend un torrent de poussière.
Il semblait, dans l'effort de leur lutte guerrière,
Que les coups qui partaient, qui pleuvaient de leurs bras,
Etaient ceux d'une armée au plus fort des combats.

  Qui pour ces deux héros n'éprouva point d'alarmes ?
Dans leur acharnement, dans le choc de leurs armes,
Chacun tremble d'abord pour son chef, pour son roi,
Et du geste et des yeux témoigne son effroi.
Chrétiens, Mahométans, tous à peine respirent ;
Tous craignent un combat qu'en secret ils admirent.

  Le ciel allait enfin déclarer le vainqueur.
Au même instant, d'un bras dont s'accroît la vigueur,
La Valette à grands coups pressant son adversaire,
Fait sauter de sa main son fatal cimeterre.
Le Sultan désarmé pâlit, craint pour ses jours.
Son armée en frémit et vole à son secours,
Mais la foule est calmée aussitôt qu'éperdue ;
Par le héros chrétien sa course est suspendue.

Ce guerrier vers la terre avait soudain baissé

Le fer dont Soliman allait être percé :

Il rassurait ce prince; et, d'une voix amie,

Il lui criait : « Sultan! ce n'est point votre vie

» Que les Chrétiens vainqueurs ont prétendu ravir :

» Leur vengeance à tel prix ne sait point s'assouvir.

» Après tant de périls, tant d'assauts, de batailles;

» Tant d'efforts meurtriers et tant de funérailles,

» Ils n'aspirent encor qu'à désarmer vos mains,

» Qu'à fléchir votre cœur dans ses sanglans desseins.

» Seigneur, que leurs vertus, l'honneur qui les anime,

» Touchent en leur faveur votre ame magnanime. »

Il dit : mais dans les airs quel effroyable bruit !

Sur l'île se répand la plus obscure nuit.

La mer s'enfle et mugit; tout le rivage tremble :

Ce n'est plus qu'un combat des élémens ensemble.

Dans la nue à longs traits serpentent mille feux;

Et la foudre, en grondant, roule parmi les cieux.

De tous les cœurs s'empare une sainte épouvante.

Ce terrible fracas, cette nuit effrayante;

Le tumulte des airs de plus en plus croissant,

Sont des décrets d'un Dieu le signal menaçant.

La Nature gémit à ce son formidable :

Elle croit du sultan la perte inévitable.

Mais à ce bruit affreux, auquel l'écho répond,
Succède tout à coup un silence profond ;
Puis une voix pareille à l'éclat du tonnerre
Fait entendre ces mots, dont retentit la terre :
« Mortels ! qu'agite un long et barbare courroux,
» Aux volontés du ciel enfin soumettez-vous.
» Du Dieu de l'univers respectez la puissance,
» Et cessez de poursuivre une injuste vengeance.
» Que l'erreur plus long-tems ne vous abuse pas.
» Ma justice d'Elvire a vengé le trépas.
» De ta main, Soliman, tu frappas le coupable ;
» Ismar seul a commis un crime détestable :
» Et ces vaillans Chrétiens, ennemis des forfaits,
» Dans son fatal complot ne trempèrent jamais.
» Pour te rendre une amante à ta flamme ravie,
» Que n'a point fait d'abord leur généreuse envie ?
» Cesse de leur livrer de si rudes combats ;
» Et, conduit par le ciel, retourne en tes États. »
    A ces mots l'Éternel, de l'éclat de sa vue,
Frappe l'œil ébloui de la foule éperdue ;
Et rentrant glorieux au séjour des éclairs,
Avec les cœurs émus il calme aussi les airs.

FIN DU CHANT SEIZIÈME.

NOTES.

Comme vous, mes amis, sa liberté m'étonne...
(*Chant VII.*)

Soliman II se conduisit envers la plupart de ses ennemis avec une générosité peu connue de ses prédécesseurs. Il fut juste, clément, religieux, grand capitaine : ses exploits l'ont mis au rang des premiers conquérans, et les qualités de son cœur, au nombre des plus illustres monarques.

Ce qu'on lui attribue dans le cours du poëme ne peut nullement être défavorable à sa mémoire. L'auteur, en s'appuyant sur ses mœurs mêmes, a donné à Soliman un amour qui, bien loin de le rabaisser, fait honneur à son choix dans la personne d'Elvire, que ses charmes peu communs et les belles qualités de son ame pouvaient en effet rendre digne de ce héros. La vengeance qu'excite en lui la perte d'une personne si chère, motivée sur son amour et l'outrage qu'il avait reçu, ne peut aussi qu'ajouter à l'intérêt d'un si grand personnage. La vérité est qu'il aima, avec une extrême passion, une jeune esclave qui prit sur son esprit un empire absolu.

On cite de ce prince des traits et des reparties qui montrent tout à la fois sa justice, la magnanimité de son cœur dans les uns, et le grand sens de son esprit dans les autres.

La première action de justice que Soliman fit en montant

sur le trône, est bien remarquable. Il fit publier que si feu
son père ou ses officiers avaient pris quelque chose injuste-
ment à qui que ce fût, il lui serait rendu, pourvu qu'on dît
naïvement de quelle manière les choses s'étaient passées ; ce
qui fut exécuté, et surprit fort le public, parce que les Turcs
regardent ce qui est au fisc, comme aussi sacré que ce qui
est dédié à Dieu même.

L'histoire raconte de ce monarque un fait qu'on peut
proposer pour exemple aux princes, afin de leur inspirer de
l'horreur pour la perfidie et pour la trahison. Elle dit que Soliman, ayant envoyé un de ses bachas dans la Valone, pour
lui faciliter le passage en Italie par terre et par mer, ce bacha prit terre au port de Castro ; que les habitans de ce lieu
surpris, se rendirent sous le serment qu'il leur fit et la foi
qu'il leur donna de les laisser aller où bon leur semblerait,
vies et bagues sauves (la vie et les biens saufs) ; que cependant
ce barbare violant sa parole, les tua tous, excepté ceux
qu'il trouva propres à être faits esclaves ; que lorsqu'il fut
de retour à Constantinople, Soliman, averti de sa perfidie,
le fit étrangler, et renvoya en Italie tous les prisonniers avec
leurs effets.

On dit que le mufti, qui est le pape des Turcs ; les kadiles-
kiers, qui sont les archevêques, et quelques bachas, le sollici-
tant un jour de chasser de ses Etats, les Juifs, les Chrétiens
et tous ceux qui étaient d'une religion différente de la sienne,
ou de les contraindre à se faire musulmans, il leur montra
d'une fenêtre, sur laquelle il était appuyé, un verger émaillé
de toutes sortes de couleurs, et leur dit, que cette diversité
de fleurs ne faisait aucun mal, qu'au contraire elle réjouissait
extrêmement la vue et l'odorat ; qu'il en était de même des
différentes religions qui étaient dans ses Etats ; que, bien loin
qu'elles leur fissent du tort, ou qu'elles leur fussent à charge,
ils en tiraient divers avantages, enfin qu'elles ne pouvaient
que leur être utiles.

Retournant à Constantinople, après la prise de Belgrade, qui était sa première conquête, il apperçut sur sa route, à la pointe du jour, une femme échévelée qui tâchait de s'ouvrir un passage au travers de ses gardes, pour aller jusqu'à lui. Il ordonna qu'on la laissât approcher; elle se jeta d'abord à ses pieds, et lui dit: « Seigneur, tes soldats ont volé ma » maison pendant cette nuit, où trouverai-je une retraite, » et de quoi nourrirai-je douze enfans que Dieu m'a don- » nés? » Soliman ne put s'empêcher de rire de sa naïveté, et lui répondit: « Femme, si tu ne t'es apperçue qu'à cette » heure du vol qu'on t'a fait cette nuit, tu dormais bien » profondément. » « Il est vrai, répliqua la femme, que je » dormais, mais dans la pensée que tu veillerais pour moi, » les princes étant obligés de veiller continuellement à la » conservation de leurs sujets. » Cette réponse fine et hardie plut à Soliman qui ordonna à Rustan, bassa, de donner vingt sultans d'or à cette femme, et de lui faire rendre tout ce qui lui avait été pris; même à sa considération, il exempta pour plusieurs années le village où elle demeurait, de toutes sortes d'impositions.

On cite un autre trait fort singulier de ce prince: on dit qu'un Chrétien établi à Constantinople, avait emprunté de l'argent d'un Juif, à condition que, s'il ne le lui rendait au jour marqué, il lui serait permis de lui couper une once de sa chair. Le terme étant échu, et le Chrétien se trouvant dans l'impossibilité de payer, le Juif lui proposa de souffrir la peine qui lui était infligée. Le Chrétien n'ayant pu s'y ré-soudre, il y eut procès entre eux sur ce sujet; l'affaire fut portée devant Soliman à cause de sa singularité. L'Empereur, ayant entendu les deux parties, condamna le Chrétien à subir la peine qui lui était imposée par son traité; mais il déclara en même temps au Juif que, s'il en coupait d'avan-tage, il lui en ferait couper à lui-même autant que ce qui ex céderait le poids convenu; ce qui fit peur au Juif, et l'obligea à renoncer à sa demande.

Gracien, dans son livre intitulé le Héros, rapporte ce fait d'une manière différente, mais qui paraît plus conforme au caractère ottoman.

Un Juif, dit-il, prétendait couper une once de chair à un Chrétien, par un contrat usuraire qu'il l'avait forcé de passer, en lui prêtant une somme d'argent dont l'autre avait un besoin extrême. La cause fut portée au tribunal de l'Empereur, devant qui le Juif l'exposa, et la défendit avec insolence. Soliman, après avoir tranquillement écouté le Juif, ordonna d'une contenance grave, que l'on apportât des balances, un poids d'une once, et un coutelas des mieux affilés. A cet appareil, l'usurier content, s'applaudissait en secret, et son débiteur pâle, tremblait de tout son corps, lorsque l'Empereur adressant la parole au Juif : je te fais trancher la tête, dit-il, si tu coupes ou un peu plus ou un peu moins de chair qu'il n'est stipulé dans ton contrat. Cet arrêt imprévu fit bientôt désister le Juif de ses poursuites, et acquit beaucoup de gloire à Soliman dans tout l'Empire, où le bruit s'en répandit.

Busbecq, historien contemporain, qui était alors à Constantinople, dit qu'après une défense expresse que fit Soliman, de boire du vin, certains Chrétiens ou autres qui avaient des vignes près de la ville, choisirent, pour les arracher, et pour attirer l'attention du monarque, un jour où Soliman sortait de la ville, et se promenait aux environs ; qu'en effet l'Empereur les ayant apperçus, touché du dommage qu'ils en souffraient, il leur demanda pourquoi ils les arrachaient ; que ces particuliers lui ayant répondu que comme il avait défendu de boire du vin, les vignes étaient devenues inutiles, il répliqua qu'il était vrai qu'il avait défendu de boire du vin, mais non de manger du raisin, et qu'il leur ordonna de laisser leurs vignes intactes ; saillie d'esprit, dit un historien de la vie de ce prince, qui fait voir la beauté de celui de Soliman, et qui fait connaître en même temps que si ce monarque se piquait d'être ferme dans ses résolutions, et de ne point s'en dédire, il trouvait des expédiens pour les rendre, au besoin, insensiblement inefficaces, sans qu'il y allât de son honneur.

Il est certain que Soliman a été le plus grand de tous les princes ottomans; il a fait des conquêtes dans presque toutes les parties de l'univers; il a vaincu les nations les plus belliqueuses, contre lesquelles ses prédécesseurs n'avaient jamais combattu qu'à leur honte et à leur désavantage. Il était perpétuellement en action, soit à la tête de ses troupes en les conduisant, soit dans son palais en prenant de sages et bonnes mesures, pendant qu'il laissait prendre à ses troupes un repos nécessaire : aucune année de son règne ne se passa sans qu'il ne fît quelque chose de remarquable, soit en public, soit en particulier. Il était ennemi de l'oisiveté, exerçant sans cesse ses soldats, de peur qu'ils n'y tombassent et ne s'y accoutumassent.

Ce monarque était courageux, brave au dernier point, affable, civil, de sorte qu'on peut dire que les Turcs se sont humanisés pendant son règne; car, voyant que leur prince accueillait avec bonté les étrangers, eux aussi, à son exemple, les traitaient avec affabilité dans les communications qu'ils avaient avec eux. En un mot, il a été, dit-on, le héros de sa maison, accompli dans l'art de la guerre et dans la science de gouverner pendant la paix : toutes les vertus que chacun de ses prédécesseurs avait eues séparément, semblaient s'être réunies dans sa personne; il fut le plus grand de tous ceux qui avaient régné avant lui; et nul de ses successeurs ne peut lui être comparé. Ses entreprises guerrières, ses conquêtes glorieuses avaient fait de la nation musulmane un peuple distingué par les armes, et tel, qu'aucun autre, de son temps, ne pouvait se flatter de l'emporter sur lui dans la guerre. Tant de gloire était le seul ouvrage de Soliman.

On vante aussi, avec raison, les vertus morales de ce monarque : il en possédait plusieurs à un haut dégré; il était ennemi des débauches de bouche et de femmes, si communes dans ses prédécesseurs. Il était scrupuleux observateur de sa parole, disant de ceux qui la violaient, et qui ont toujours été en assez grand nombre parmi les Turcs, que ce n'était pas le moyen de gagner les nations étrangères; qu'il fallait tenir sa parole, quand on l'avait une fois donnée. Il punissait sévèrement le crime, autant par l'horreur qu'il en avait, que par devoir; mais il récompensait aussi fort libéralement les belles et vertueuses actions, ce qui lui avait acquis l'amour de tous ses sujets et l'estime des étrangers : cette conduite l'assurait aussi de la fidélité de ceux auxquels il confiait des emplois ou des commissions. Il avait du penchant, du goût pour les belles-lettres, et il favorisait ceux qui en faisaient profession ; il se connaissait en médailles ; mais il s'appliquait particulièrement aux mathématiques et à la lecture de l'histoire ; il était amateur de l'équité et grand protecteur de la justice.

Soliman avait les yeux noirs, le regard fier, le teint brun, la taille belle, l'âme ferme, l'esprit délicat, l'humeur libérale : sous son régne, ainsi qu'on l'a remarqué, les Turcs commencèrent à se polir. Mais, comme malheureusement toujours quelque défaut se joint aux plus belles qualités, celui qu'on peut avec droit lui reprocher, était d'être soupçonneux, ce qui l'a rendu par fois cruel ; et d'être si sensible à l'amour, qu'il devint esclave de Roxelane, qui lui fit faire des meurtres horribles et des fautes honteuses à un Empereur et à un bon politique : cette Roxelane, qui était de Sienne, était la plus artificieuse, la plus méchante et la plus belle de toutes les femmes; elle disposait d'une manière si absolue de Soliman, que, quand il entrait dans le sérail, on pouvait dire qu'il en était le premier esclave.

La jeune Sélima la remplit de ses cris.
(*Chant VIII.*)

On ne sera point étonné de voir Sélima et ses compagnes dans la tente de Dragut, si l'on fait attention aux mœurs des Turcs, qui leur font traîner après eux des sérails jusque dans les camps. Les prévenances, les tendres soins que le poète attribue aux femmes de Dragut, étaient bien faits pour l'attacher à elles ; ils donnaient un nouveau lustre à leurs charmes qui n'en étaient que plus puissans pour lui.

En parlant des femmes turques, peut-être ne sera-il pas hors de propos de dire ici quelques mots de leur costume. Leur beauté consiste moins dans la régularité des traits, que dans la taille et la fraîcheur du teint, sur-tout pour les Circassiennes. Elles portent sur tous leurs vêtemens et leur ceinture chargée de plaques enrichies de pierreries, une veste traînante, de drap ou de brocart, fourrée d'hermines, de zibelines ou de petit gris. Leurs cheveux tressés qui tombent jusqu'à la ceinture ; leur collier qu'elles attachent jusqu'à leurs oreilles avec des boucles de diamans ou d'émerandes en poires, et qui se retroussent derrière la tête, à l'extrémité du bonnet poligone orné d'une aigrette ; les bagues et les bracelets dont leurs bras et leurs doigts sont chargés, donnent un air de majesté et de grandeur à toute leur personne.

Là venait d'arriver un neveu du grand-maître...
(*Chant IX.*)

Henry de La Valette, neveu du grand-maître, jeune Chevalier plein de feu et de courage, et le Chevalier Polastron, son ami intime, à peu près du même âge, furent chargés dans le siége, d'une expédition périlleuse à laquelle ils succombèrent.

L'auteur de la Maltéide, en les faisant agir, a cru devoir ajouter à l'intérêt de leur situation, des circonstances qui rendent tout-à-la-fois la catastrophe plus poétique et plus touchante.

Le grand maître, dit l'histoire, supporta la mort de son neveu avec beaucoup de constance, et il ajouta cette vertu aux grandes qualités qu'il fit éclater pendant tout le siège. Sur ce que plusieurs anciens Chevaliers entreprenaient de le consoler : « tous les Chevaliers, leur dit-il, me sont égale- » ment chers ; je les regarde tous comme mes enfans : et la » mort de Polastron m'est aussi sensible que celle de La Va- » lette mon neveu ; après tout ils n'ont fait que nous précéder. » S'il n'est pas possible de sauver Malte, il faut mourir, et » nous ensevelir tous jusqu'au dernier sous ses ruines. »

> Sur un lit, par le zèle et le deuil apprêté,
> L'infortuné Dragut est lentement porté...
> (*Chant X.*)

Le poëte a suivi, dans les funérailles de Dragut, certains usages dont voici quelques particularités :

Autrefois on exposait le mort sur une table, comme dans un lit de parade, orné de ses plus beaux habits, et de diverses fleurs de la saison ; après quoi on le portait sur des brancards hors de la ville, dans un lieu destiné à la sépulture des morts.

Arrivés au tombeau, les Turcs tirent le mort du cercueil et le descendent dans la fosse avec quelques sentences de l'Alcoran, après que les imans, prêtres turcs, ont fait pour le défunt les prières accoutumées à l'entrée de la mosquée. On ne jette point la terre immédiatement sur le corps, de peur que sa pesanteur ne l'incommode ; pour lui donner un peu d'air, on pose de longues pierres en travers, qui forment une espèce de voûte sur le cadavre, en sorte qu'il y est enfermé comme dans un coffre.

Les prières pour les trépassés ne consistent qu'en quelques complaintes et dans le récit de certains vers lugubres ; elles sont répétées mot pour mot par ceux qui accompagnent le convoi, et qui suivent couverts d'une pièce de drap gris ou de feutre pendante par devant et par derrière. Les lamentations des femmes turques sont si éclatantes, qu'elles suffisent pour annoncer un mort aux voisins les plus éloignés.

Quelque fois on élève au dessus de la sépulture une espèce de tour ou de colonne qu'on laisse communément ouverte par le haut, pour qu'elle ressemble au monument de la Mecque ; c'est dans l'intention aussi qu'elle reçoive la pluie qui se communique aux fleurs et aux autres plantes odoriférantes, que l'on sème autour de ces mausolées, afin que les passans, charmés de leur odeur, prient pour les ames de ceux sur les corps desquels ils les cueillent. Les parens mettent encore sur la tombe du pain de la viande, des œufs, du lait, du fromage : les pauvres, quelquefois les oiseaux et les fourmis profitent de ces offrandes pieuses. L'entrée de ces tours ou colonnes est défendue par une grille de fer ou de cuivre. Un turban ou quelque autre ornement représenté sur la pierre de la tête, marque si le mort était homme ou femme : la pierre des pieds est la même pour les deux sexes.

Les funérailles du sultan sont accompagnées d'une majesté lugubre. On mène en main tous ses chevaux, avec les selles renversées, couverts de housses de velours noir, traînantes jusqu'à terre. Tous ses officiers, tant ceux du sérail que ceux de la garde, solacs, janissaires et autres, marchent en leur rang ; les mutaféracas, c'est-à-dire les préférés, précèdent immédiatement le corps, armés d'une lance au bout de laquelle est le turban de l'empereur défunt, et portant une queue de cheval. Les armes du prince et ses étendarts sont traînés par terre.

La forme du cercueil est celle d'un chariot d'armes. Il est

couvert d'un riche poele, et par dessus on met un turban pareil à celui que le prince avait coutume de porter pendant sa vie. Ce turban qui a la figure d'une tête d'homme avec le cou, fait connaître que c'est là le tombeau d'un sultan et non d'une sultane, d'un fils du grand-seigneur et non d'une fille. Si le sultan est mort à la guerre, on met son cimeterre sur son cercueil.

De somptueux tapis, dans leur magnificence...

Les Turcs, descendans des Tartares, campent magnifiquement. Ils dépensent plus en tentes et en équipages, que pour leurs bâtimens particuliers. Les pavillons du grand visir et des autres officiers de marque méritent plutôt le nom de palais que celui de tentes. Elles sont d'une étendue prodigieuse, ornées en dedans de tapisseries de brocart d'or, d'argent et de meubles précieux.

D'un côté paraissaient, sous un aspect hideux...

(Chant XI.)

Les croates, hussards turcs, braves et robustes, n'emploient que la targue et la lance creuse et ferrée. Si ceux qu'ils attaquent étaient susceptibles de peur, la figure seule de ces troupes les glacerait d'effroi. Une peau de léopard moucheté leur sert de bonnet, dont les ailes battent sur leurs épaules; un grand vol d'aigle avec la queue en fait l'ornement. Ils portent de longues chausses de peau d'ours ou de loup, le poil en dehors, et pardessus, une veste de peau de lion, avec des éperons à la hongroise, longs d'un grand pied. Leurs chevaux sont également caparaçonnés de fourrures.

Auprès d'eux s'avançaient, armés de leurs tonnerres...

L'infanterie turque se compose en partie des janissaires qui sont la principale force de l'Empire. Elle est habillée à la barbaresque, d'un corset de drap rouge, lacé par le côté, avec des demi-manches d'où sortent celles des chemises larges et ouvertes, qui laissent voir le bras nud jusqu'au coude. Ces fantassins portent un caleçon de serge de même couleur, lié au jarret, un demi-bas de drap, agraffé depuis le mollet jusqu'à la cheville du pied, et un soulier de maroquin rouge à oreilles, fermé de cordons de soie bleue. Leur coëffure consiste en un petit bonnet d'écarlate très-fine, surmonté d'une houpe de soie jaune. Leurs armes sont le sabre et la carabine.

Mais quel est ce Cortége où la richesse étale...

Le grand-seigneur, quand il marche en guerre, est précédé de Péics, de quatre porte-arquebuses à pied et de ses gardes à cheval qui l'environnent. Il est armé de pied en cap d'une jacque de mailles, dont le collet est chargé de grosses perles; tout le devant est garni de rosettes de diamans; il y en a de même sur les épaulettes, au milieu du dos : sur les brassards et sur la calotte (ou la tête), des mailles dorées, sont terminées par d'autres grosses perles, et se relèvent dans un turban de soie verte orné d'aigrettes de diamans. Sa veste de drap d'or fourrée de martes zibelines noires et passée en écharpe, est si chargée de pierreries, que les deux officiers qui en soutiennent les coins, semblent plutôt le soulager de ce pesant fardeau, que contribuer à la splendeur de sa marche. Dans le combat il est armé d'une cuirasse de la plus grande richesse.

Trois officiers portent après lui chacun un turban dont les aigrettes brillent à travers la gaze qui les couvre. A leur suite marchent les ichoglans ou les pages, conduits par les eunuques, et suivis du grand-maître du sérail et de son lieutenant en habit de guerre, tous deux superbement montés.

Six chevaux de main, deux enseignes, un toug et la compagnie du mulezar aga, revêtue de peaux de tigre, et armée de demi-piques noires canelées et d'argent, précèdent le lieutenant-colonel des janissaires, qui se distingue des capitaines par une touffe de plumes de héron noires et quelques aigrettes attachées au derrière de son turban; il est suivi de deux cents soldats, escortant son drapeau de toile rouge; l'aga paraît ensuite revêtu de brocart d'or, avec un grand turban, monté sur un cheval magnifique, entouré de plusieurs capitaines à pied, et suivi de plusieurs Ichoglans à cheval, armés de carabines, de lances et de cottes de mailles d'acier poli, garnies de rosettes dorées, sur lesquelles ils portent des vestes de satin de couleur, passées en écharpe. Vient ensuite la musique: après elle, la cavalerie qui a le pas, se fait remarquer par la beauté des chevaux, des harnois et des housses.

La diversité des flammes rouges, vertes et jaunes, qui flottent au haut des lances, forme une variété agréable. Les dragons, par dessus une longue capotte rouge, portent une peau de léopard dont les pattes de devant s'attachent sur l'estomach; celles de derrière avec la queue, pendent sur la croupe du cheval, qui a pour housse une peau de tigre; ils sont coeffés d'un bonnet de drap verd à quatre coins, qui battent sur leurs épaules. Chaque soldat tient une lance au bout de laquelle est une flamme de taffetas qui tombe sur l'oreille du cheval. L'habillement des officiers est de martre commune, le poil en dehors; leur bonnet est orné de plumes d'aigle. Les porte-étendards ont des ailes aux épaules et aux talons. Les ichoglans sont habillés de satin ou de brocart à fleurs d'or et d'argent. Leurs chevaux sont caparaçonnés comme ceux des anciens Romains, et leurs carabines ornées d'argent, de nacre de perle et de corail. Paraissent ensuite les chevaux de main; les têtières des brides sont d'argent doré, émaillé et enrichi de pierreries: des chaînons d'argent servent de gourmettes; les rênes sont de soie, du milieu du crin sort un soleil qui tombe sur le cou, sous le quel pend un

gros flocon de crin blanc attaché à une boule d'argent doré,
qui bat le long du gras de la jambe droite, et se retrousse
à la selle qui est de velours brodé. Ces riches harnois sont à
demi couverts de peaux de tigre si bien retroussées, qu'elles
ne dérobent point à la vue la beauté des chevaux et de leur
parure.

Les solacs sont habillés comme les capitaines des janissaires, et les peics ou petits valets de pied, en veste de brocart à fleurs d'or, dont les bouts retroussés à une ceinture
d'argent doré, laissent voir un parement à broderie d'or, et
orné par devant de plumes de héron. Leur chaussure est la
même que celle l'infanterie. Les chevaux de main portent
une aigrette attachée à la tétière par un tuyau de pierreries;
leur harnois sont si chargés de diamans, de rubis, d'éme-
raudes, de perles, de turquoises et autre pierres précieuses,
que l'on n'en apperçoit pas le fond.

Les tougs (ou queues de cheval); les drapeaux mêlés de
rouge, de vert et de jaune, ornés d'épées flamboyantes et
des noms de Dieu, du prophète et de l'Empereur, en broderie; les tambours, les tymbales, les trompettes et les haut-
bois, précèdent les deux chameaux qui portent les reliques
du mahométisme, couvert d'un drap rouge, avec des franges
bleues. Les deux chameaux sont environnés de santons, de
dervis et d'émirs en turban vert avec leur chef. Enfin paraît
le mufti entre les deux cadileskers (juges de l'armée),
habillés de violet et de satin blanc. L'équipage de leurs chevaux consiste simplement en des tétières de cuir violet
bouclées d'acier, et en des housses traînantes de drap rouge à
franges bleues.

Devant lui cependant de belliqueux drapeaux...

Les étendards turcs sont d'une étoffe de soie de diverses
couleurs, chargés d'une épée flamboyante environnée de

caractères arabes en broderie : une grosse pomme dorée attachée au bout de la lance, et surmontée d'un croissant d'argent termine l'étendard. Le premier de tous, que l'on appelle
l'étendard du prophète, est vert. On y voit le mot *Aleca*
au bout de la lance. Sept grands étendards précèdent le sultan quand il va à la guerre.

Maître de ses débris, tantôt si formidables...
(Chant XII.)

La vérité est que Mustapha, entrant dans le fort Saint-
Elme qu'il avait réduit, et jugeant par la petitesse de cette
place, combien le bourg lui donnerait de peine, s'écria :
» Que ne fera pas le père, puisque le fils qui est si petit
» nous coûte nos plus braves soldats ! » On convient en effet
que les Turcs, dans le siége particulier de ce fort, perdirent
au moins huit mille hommes.

C'est alors qu'insultant aux Chevaliers défaits...

La vengeance, excitée par l'amour, est capable de porter
un cœur, quoique naturellement généreux, à des excès que
ces deux passions peuvent seules faire excuser. Soliman pos-
sédé par elles, s'y abandonne, pour ainsi dire, malgré lui,
puisqu'un instant auparavant il admire, il plaint lui-même
ses ennemis : et son passage rapide de l'admiration, de la
pitié même à des mouvemens de colère et de haine, font reconnaître l'homme jusque dans le héros.

On pourrait comparer cette violence de ressentiment au
courroux qui saisit Achille, lorsqu'Agamemnon lui enlève
Briséis, ce qui a fait dire à Boileau :

Achille déplairait moins bouillant et moins prompt...

Il fut pris et traîné sur un cruel rivage...
(Chant XIII.)

Les côtes d'Alger. — Ce Candélissa, dont il est parlé, était un renégat grec, vieux corsaire, cruel, sanguinaire; mais grand homme de mer.

> Ainsi, foulée aux pieds de l'enfer en courroux...
> (*Chant XIV.*)

L'humanité, sous les traits d'une vierge affligée, est intervenue parmi les combattans pour les désarmer; elle leur a offert le spectacle de son sein déchiré par leurs coups : mais ni ses prières ni ses souffrances ne peuvent attendrir les Turcs. Mahomet triomphe et l'enfer avec lui.

Homère, dans l'Iliade, nous représente les prières comme filles de Jupiter, boiteuses, couvertes de rides, baissant l'œil et ne regardant que de côté. « Elles suivent constamment, » dit Phœnix à Achille, l'injure vigoureuse, qui, d'un pas » ferme et léger, les devance facilement, et parcourt la » terre en nuisant aux hommes, elles viennent réparer ses » torts, etc. » (*Traduction de Bitaubé.*)

Une telle allégorie semble devoir autoriser l'auteur de la Maltéide dans le personnage de l'humanité, qu'il fait venir pour mettre fin aux combats.

> O prodige inouï! cette amante respire...
> (*Chant XV.*)

Cette fiction paraîtra peut-être passer un peu les bornes du merveilleux; mais que l'on fasse attention qu'elle n'a lieu que par la volonté de l'Éternel. L'histoire sainte offre en plus d'un endroit de pareils prodiges. Rien n'est impossible à Dieu : ce miracle d'ailleurs prépare le dénouement. Soliman et tous ceux de sa suite en sont d'abord frappés; mais Hascen arrive, qui n'en ayant pas été témoin, n'est uniquement occupé que du sultan; il frémit à la vue de son sang versé, détourne les esprits de l'effroi qui les a saisis, s'empare d'eux, et, plein de vengeance, les ramène aux combats. Le grand-seigneur lui-même, appelé par les cris de son armée, n'écoute que son courage; il vole au secours des siens, sans pouvoir être retenu par ce qui vient de se passer devant lui.

> Il dit : mais dans les airs quel effroyable bruit...
> (*Chant XVI.*)

On a pensé ne pouvoir mieux terminer ce poëme que par l'intervention du ciel. Après avoir montré dans les Chevaliers ce que peut le courage aidé de l'honneur, de la vertu, de tous les sentimens qu'inspire une religion pure, Dieu lui-même a voulu déclarer d'une manière imposante l'innocence des Chrétiens : il tire Soliman de son erreur, et lui commande de mettre fin à un siége dont l'auteur a été puni dans la personne d'Ismar. Ainsi ses décrets sont remplis, et sa sagesse, autant que sa puissance, éclate dans l'exécution de ses volontés.

FIN DES NOTES DU TOME SECOND.

QUELQUES MOTS

SUR CE POEME ET SUR L'ÉPOPÉE.

Le poëme de la Maltéide, lors de sa publication, a eu sa
part de critiques comme il a eu sa part d'éloges. L'auteur,
en retouchant son ouvrage, s'est efforcé de mettre à profit
les remarques de ses juges ; il a refait les endroits faibles,
soigné ceux qui avaient paru négligés, enfin il a cherché, le
plus qu'il lui a été possible, à augmenter le nombre des morceaux qui ont été honorés par des suffrages ; heureux si son
nouveau travail a pu atteindre le but qu'il s'est proposé.

Sans doute les éloges que des écrivains judicieux et d'un mérite reconnu, ont donnés à sa première édition, ont dû l'en-
courager, l'exciter à redoubler d'efforts pour s'en rendre plus
complètement digne : il s'est appuyé dans son travail sur
leurs avis, et s'est appliqué sur-tout à répondre à l'opinion
favorable d'un de ses juges, qui a dit dans le temps :

« Plusieurs morceaux de son poëme (de M. Halma) sont
» écrits d'une manière souvent élégante et poétique. Les
» parties de sa fable sont bien conçues et bien ordonnées ;
» les épisodes, placés avec goût, suspendent habilement le
» récit ; les descriptions ont de l'éclat ; l'ensemble du poëme
» annonce un talent distingué. — Si l'on peut reprocher

» quelquefois à M. Halma des tours faibles et négligés, il faut
» avouer aussi que ces défauts sont rachetés par des mor-
» ceaux d'un goût très-pur et par de fort beaux vers, etc. »

Ce jugement, porté par un littérateur distingué, n'a pu
qu'enflammer l'auteur de la Maltéide du désir de donner à
son ouvrage, dans une seconde édition, un plus haut degré
de mérite que dans la première. Voilà pour son exécution :
quant au sujet, il a été généralement reconnu grand, héroïque,
d'un puissant intérêt, et digne d'être célébré par la muse
épique. L'extrait suivant du journal des débats en parle en
ces termes :

« Ce sujet, considéré en lui-même, est très-grand et très-
» héroïque ; il offre dans les vainqueurs et dans les vaincus,
» des caractères originaux, frappans et variés, des passions
» violentes, des vertus sublimes, des prodiges de courage,
» tous les mouvemens, toutes les alternatives de crainte et
» d'espérance qui peuvent constituer une action dramatique ;
» quoique la difficulté en soit extrême, il n'est cependant
» pas impossible d'y allier le *merveilleux*, et de donner à
» cette action la forme d'une épopée. C'est une ambition
» digne d'éloges que d'avoir pu concevoir un aussi grand
» projet littéraire ; c'est avoir fait preuve de discernement
» que d'avoir choisi un semblable sujet. J'essaierai de prou-
» ver que M. Halma jeune mérite encore d'être loué pour
» la manière dont il l'a exécuté. »

Le Mercure, en reprochant à l'auteur trop peu de merveilleux dans le cours de son poëme, dit, après diverses
citations faites en faveur de l'ouvrage, et en terminant son
article :

« Enfin, si un langage presque toujours correct, un heu-
» reux choix de termes nobles, des sentimens élevés, des

» pensées justes , l'éloignement de toute afféterie et de
» mauvais goût , suffisent pour faire réussir un ouvrage ,
» la Maltéide doit prétendre à des succès. L'auteur a fait
» preuve d'un grand courage en osant entreprendre une
» épopée, dans ce siècle où il ne paraît que des opuscules.
» Mais on lui doit de plus des éloges pour le talent qu'il a
» montré dans quelques épisodes et dans un grand nombre
» de descriptions. »

Sans examiner jusqu'à quel point le reproche ci-dessus ,
de trop peu de merveilleux , peut être fondé , on remar-
quera que la seconde édition de la Maltéide en offre davan-
tage que la première , sur-tout au commencement de l'ouvrage ; néanmoins avec réserve ; car des fictions telles
qu'il en existe dans certains endroits des poëmes anciens et
modernes , ne seraient point admises aujourd'hui pour leur
invraisemblance ; on les traiterait de fables absurdes , et le
lecteur ne pourrait applaudir à ce qu'une imagination , peu
conforme à notre goût , enfanterait d'extraordinaire et d'incroyable. Il n'y a que le pouvoir du ciel qui puisse donner une
apparence de vérité à des faits surnaturels , parce que , selon
toutes les religions , il n'est rien d'impossible au souverain
maître de l'univers , au Dieu tout-puissant. Mais ce qui est
censé ne point émaner de lui , ne peut être considéré dans
un poëme que comme un merveilleux idéal dont le fonds du
sujet s'embellit , et n'appartient qu'à des ressorts ou puissances
secondaires , qui sont les vices et les vertus : c'est pour cette
raison , sans doute , que l'allégorie , de nos jours , semble être
préférée aux fables mythologiques des premiers temps. Elle
est froide , dit-on , mais que sont autre chose les dieux des
anciens ? ne sont-ce pas les vices et les vertus personnifiés ,
revêtus de corps pour nous les rendre plus sensibles ? Homère ,
Virgile et d'autres écrivains de l'antiquité, ne les envisageaient
probablement que sous ce rapport dans leurs fables. Ainsi ,
que des guerriers , des héros exécutent une grande entre-

prise, leurs vertus ou leurs vices y dominent plus ou moins : voilà les dieux des anciens, les démons des modernes, enfin nos divinités allégoriques.

C'est l'intérêt qui règne dans un ouvrage ; ce sont les situations des personnages que l'on y fait agir, qui doivent en faire le principal mérite, le tout pourtant orné des charmes du style, soutenu de l'élévation des sentimens, de la force des pensées, du ressort des catastrophes et du mouvement des passions, telles que l'amour et la vengeance, qui produisent ordinairement de grands effets. Homère lui-même, si fertile en merveilleux, intéresserait-il autant, s'il ne nous eût point que ses dieux se querellant, et dégradant la divinité par les faiblesses qu'il lui prête ? Ces dieux ne sont que des machines qui, à la vérité, servent son poëme dans l'Iliade, mais qui n'en sont pas les beautés les plus remarquables. L'affront fait à Achille par le superbe Agamemnon ; le ressentiment du premier, qui entraîne la défaite des Grecs ; la mort de Patrocle qui en résulte ; ces scènes d'amitié et de désespoir qu'offre le plus cruel, le plus vindicatif des hommes, l'impitoyable Achille ; enfin tant d'événemens qui se succèdent si admirablement, n'en seraient pas moins surprenans, pas moins frappans sans l'entremise des dieux, supposé qu'on pût les en détacher sans nuire à l'action. Disons plus : on est fâché de voir, d'une part, le généreux et vaillant Patrocle, si touchant par son dévouement pour les Grecs, indignement désarmé par Apollon qui, caché dans un nuage, le dépouille de ses armes, et le livre sans défense à son ennemi pour le tuer. De tels moyens sont-ils dignes d'un dieu comme Apollon ? Il semble qu'il y en avait de plus nobles et de plus convenables, pour faire succomber un héros tel que Patrocle. D'une autre part, on voit avec peine le brave, l'intrépide Hector, si intéressant par son amour pour les siens, sur le point de combattre Achille, lâchement trompé par Minerve qui, sous la figure de Déi-

phobe, frère du héros troyen, l'excite au combat en le flat-
tant de son aide, et l'abandonne un moment après qu'il est
aux prises avec son ennemi. Minerve de plus, en parlant à
Hector, fait un mensonge indigne d'une déesse, sur tout de
la déesse de la sagesse.

On sait que l'épopée étend son domaine au delà du monde
terrestre, et que, s'élevant dans son vol jusqu'à des régions
imaginaires, elle peut s'abandonner à tout ce que la fiction
lui présente pour orner son sujet. Elle crée, invente, elle
allie à la vérité des faits souvent mensongers, mais qui
par fois contribuent au développement des passions. Dans
ce cas, quelque vicieux que fût le merveilleux, il pourrait
être réputé bon, en ce qu'il aménerait des situations inté-
ressantes. C'est ce qui est prouvé par les deux passages
d'Homère, cités plus haut à l'égard de Patrocle et d'Hector,
dont la mort, quoiqu'occasionnée par des moyens indignes
de la divinité, produit tant de scènes admirables.

Ce qui vient d'être dit sur le merveilleux dans la fable
du poème, et sur la situation des personnages que l'on a mis
en action, est confirmé par un ouvrage moderne, le Para-
dis perdu de Milton : Adam et Eve, dans le jardin d'Eden,
ne nous touchent, ne nous intéressent-ils pas bien plus déli-
cieusement que tous ses anges et ses diables ? C'est parce
que l'essence de ces deux êtres, heureux d'abord et ensuite
malheureux, tient de près à la nôtre; que nous sommes
infiniment plus sensibles aux événemens qui peuvent arriver
à des créatures d'une condition qui nous est propre, qu'à tout
ce qu'on attribuerait à des êtres imaginaires qui, par leur
peu de réalité, de conformité avec nous, ne peuvent que
faiblement nous émouvoir.

On en pourrait dire autant de la sultane Elvire, dans le
VIe chant de la Maltéide, dont la catastrophe déchirante

doit exciter un bien plus vif intérêt, que la fiction mise en œuvre pour plonger cette femme dans le dernier des malheurs. Elvire, Adam et Eve se trouvent dans des situations qui appartiennent à des êtres de notre nature, et c'est pour cette raison que nous y prenons une part plus intime ; sentiment que ne nous fait point éprouver ce qui n'est que purement merveilleux.

FIN.